VILLE TOSCANE

VILLE TOSCANE

HAROLD ACTON

con fotografie di

Alexander Zielcke

126 illustrazioni fuori testo
19 illustrazioni nel testo
34 tavole a colori

ARNOLDO MONDADORI EDITORE

In memoria di
ARTHUR M. ACTON

© 1973 Testo Harold Acton
Fotografie Alexander Zielcke

Prima pubblicazione: Gran Bretagna, 1973, Thames and Hudson Ltd, Londra, con il titolo *Tuscan Villas*

Pubblicato da Arnoldo Mondadori Editore S.p.A., Milano
Libri Illustrati Mondadori, 1984
Ristampa integrale dell'edizione 1973

Stampato in Spagna per Heraclio Fournier, S.A. Vitoria

INDICE GENERALE

RINGRAZIAMENTO

Desideriamo esprimere la nostra gratitudine a quanti ci hanno consentito di fotografare le loro ville e i loro giardini, e dimostrato il loro interessamento aiutandoci in vari modi. Fra questi gentili amici siamo debitori in particolare ai Conti Amati Cellesi, al Professor Ranuccio Bianchi Bandinelli, al Signor Ernest Boissevain e Signora, alla Marchesa Ginevra Chigi Bonelli, al Signor Henry Clifford e Signora, alla Duchessa Simonetta Colonna, alle Signorine De Suarez, al Marchese Vieri d'Elci, alla Contessa Adriana Gardi dell'Ardenghesca, al Marchese Giaquili Ferrini, ai Conti Guicciardini Corsi Salviati, a Don Giovanni Guiso, alla Contessa Laura Mansi Salom, all'Ingegner Ferruccio Marchi e Signora, al Dottor Marcello Marchi, al Conte Dino Pecci Blunt e alle sue sorelle, all'On. Prof. Paolo Rossi e Signora, alla Signora Marjorie Scaretti, alla Contessa Sofia Serristori Bossi Pucci, a M. Lucien Teissier e Signora. Speriamo di non aver contravvenuto al protocollo citando questi amici in ordine alfabetico.

I nostri ringraziamenti vanno anche al Dottor Riccardo Francovich e al Signor Mario Falsini della "Scala" di Firenze per la loro inestimabile collaborazione, e a Mr. Ian Greenlees per averci prestato un libro raro della sua biblioteca privata.

Siamo profondamente grati alla Signora Marcella Bonsanti che, nonostante le difficoltà del momento, si è dedicata con tanta efficacia a questa traduzione.

Harold Acton
Alexander Zielcke

INTRODUZIONE

Poiché sono ormai tante le grandi ville che stanno scomparendo o che son condannate a scomparire — a meno che non intervengano a proteggerle gli enti pubblici in quest'èra di pressioni fiscali sempre più preoccupanti — ci è parso opportuno dare una testimonianza sulle antiche dimore superstiti in Toscana, famose fin dai tempi lontani per la loro bellezza, cui si accompagnano spesso reminiscenze storiche. Quelle che hanno avuto la rara fortuna di restare in mani private sono naturalmente le meglio custodite. Come fa presto un'abitazione a perdere il calore, il fascino, la personalità, quand'è relegata alle funzioni d'un museo! Quante case che furono concepite all'unico fine di albergare una data famiglia o un mecenate si riducono a carcasse patetiche, salvo nei casi in cui ne rimanga *in situ* il contenuto, e anche allora i ritratti ancestrali, gli arazzi e i mobili destinati a servire da sfondo alla vita quotidiana del proprietario, sono rigorosamente isolati mediante un cordone come gioielli della corona.

Certe case ebbero una parte importante nello sviluppo dell'umanesimo e di personaggi dinamici sul tipo di Lorenzo il Magnifico; al visitatore verrebbe quindi facilitata la comprensione dell'edificio quando ne sapesse abbastanza sulla sua storia da consentire all'immaginazione di sconfinare oltre l'apparenza esteriore di esso per smarrirsi tra i fantasmi del passato. La « forma significativa » così cara a Roger Fry, diventa ben più significativa quando vi si aggiunga la storia tuttora vivente.

Scopo di questo libro è di riflettere la vita passata delle ville toscane più caratteristiche, di trattarle come entità vive ogni volta che sarà possibile farlo, sebbene in molti casi siano oggi deserte o trasformate in istituti semianonimi. Quasi tutte goderono periodi di estrema prosperità, di letizia se non di gloria, nell'apogeo sociale e culturale della Firenze d'un tempo. Alcune delle più celebri, ripetutamente lodate nei libri di viaggi fino dal Cinquecento, sono sparite senza lasciar traccia, come la struttura centrale e il giardino architettonico di Villa Demidoff a Pratolino, le cui meraviglie furono tramandate nelle incisioni di Stefano della Bella, oppure, come Poggio Imperiale, trasformate in un collegio per ragazzine di buona famiglia. Altre, lasciate lungamente a marcire in totale desolazione, come la villa di Castello e quella di Poggio a Caiano, si stanno man mano restaurando, la prima per ospitare l'Accademia della Crusca con l'apparato del suo monumentale vocabolario, la seconda per adibirla a museo di sculture e dipinti di soggetti botanici e ornitologici che passano inosservati in mezzo ai capolavori spettacolari delle gallerie fiorentine. I primi abitanti di queste ville avevano la passione della campagna coi suoi ameni paesaggi e non vedevan l'ora di rifugiarvisi a compenso delle fatiche sopportate dietro il banco in città. Di rado erano rigidamente urbanizzati quanto i loro discendenti, ma volevano che si domasse la natura costringendola in schemi simmetrici di giardini e vigneti.

Poche famiglie possono permettersi ai giorni nostri il tenor di vita che allora si usava in manieri di così vaste proporzioni, e perciò molte antiche ville sono state divise in appartamenti e le stalle trasformate in garage. Oggi anche in Italia le famiglie tendono a farsi meno numerose e più nomadi.

Dato che non sono né un architetto né un botanico, potrei passare per presuntuoso. A mia scusa dirò che son nato e cresciuto in una tipica villa toscana ch'è stata sempre abitata a partire dal Quattrocento, quando la comprò Francesco Sassetti, e forse ancora prima. Ogni generazione vi ha lasciato un'impronta ma è essenzialmente toscana nella sua semplicità e adattabilità. Il fatto di aver aperto gli occhi, sia corporei che spirituali, in un simile ambiente, e di aver seguìto il giardino mentre andava riassumendo l'aspetto che aveva probabilmente prima dell'Ottocento, quando dilagò e lo sommerse la mania del cosiddetto giardinaggio inglese o paesaggistico, ha influenzato senza dubbio il mio atteggiamento e le mie vedute personali.

L'Italia abbonda di edifici imponenti, dagli splendori palladiani del Veneto ai palazzi spettrali della nobiltà siciliana, ma pochi si prestano alle esigenze della vita moderna quanto le più modeste case della campagna toscana. Come in Inghilterra, i terreni annessi son parte integrante della costruzione, e nondimeno il nostro termine « stately homes », sontuose dimore, generalmente non vi si adatta. I prosperi e parsimoniosi mercanti fiorentini del primo Rinascimento andavano matti per i lavori dei campi: Cosimo il Vecchio si divertiva a potar le sue viti per ore di fila; e le ville più antiche furono case coloniche turrite, circondate da ettari ed ettari di frutteti e vigneti. Via via che diventavano più ricchi e più sicuri, i fiorentini ingrandivano le loro abtazioni e dedicavano maggior cura al disegno dei giardini. Sotto questo, come sotto altri aspetti dell'evoluzione artistica, i Medici furono all'avanguardia. Le ville fiorentine più grandiose vennero costruite da membri di quella dinastia e quindi son meglio conosciute di altre, che pure le uguagliavano se non le superavano in fascino e bellezza.

9

Più massicce che eleganti, le ville di antica data erano edificate invariabilmente in luoghi salubri e avevano il vantaggio di armonizzare col panorama. Di solito si dava la preferenza ai pendii. Dal Mugello giù giù fino a Siena il paesaggio è stato mirabilmente rappresentato dai primi pittori toscani nello sfondo dei loro quadri, con i suoi colli scoscesi e le fertili valli dove pini, cipressi e lecci, soli o amichevolmente raccolti, sormontano ulivi d'argento, e sparsi castelli arieggianti un cubismo avanti lettera tentano di apparire inespugnabili pur non riuscendo mai a far cipiglio sotto cieli così azzurri. Ampie zone rimangono tuttora incontaminate dalla marea crescente della speculazione barbarica. Alcune delle ville più incantevoli si nascondono dietro alti muri e sono degne d'attenzione né più né meno dei « monumenti da vedere » segnalati nelle guide turistiche. Il proprietario poteva dire a ragione con gli inglesi che la sua casa era il suo castello; il castello gli consentiva di vivere di vita autonoma, e in tempi lontani lo difese inoltre dai banditi erranti e dai mercenari rapaci.

Siamo propensi a dimenticare in quanti pericoli potesse imbattersi chi viaggiava per le campagne fino al secolo scorso. Anche nel 1817 la strada fra Roma e Firenze era talmente infestata dai briganti che i viaggiatori provenienti dal nord preferivano ritornarvi seguendo l'itinerario lungo l'Adriatico. Questa piaga non dissuase tuttavia molti ricchi inglesi dallo stabilirsi nelle ville toscane durante il '700; sul conto loro siamo ben informati per merito d'un simpatico pettegolo, Sir Horace Mann, prima segretario di legazione e poi ambasciatore presso la corte di Toscana dal 1740 al 1786, definito da Lady Holland « l'uomo più compiacente ed amabile che sia mai vissuto, ha una casa ch'è una delizia, si fa veder molto in giro e vive con grandissimo sfarzo. La mescolanza di tedeschi e d'altri forestieri », prosegue la signora, « rende questo luogo più acconcio di Roma o di Napoli alla vita di società ».*

« Se potessi permettermelo », scrisse Mann a Horace Walpole nel luglio del 1750, « prenderei senza fallo una villa vicino a Firenze, ma ho paura che diventerebbe un refugium peccatorum per tutti gli inglesi, malgrado frequentino assai il King's Arms in città, cosicché io non ho mai un momento da passar solo con me stesso. Ogni tanto m'immagino che starei più tranquillo laggiù, e nondimeno rifuggo dal correr l'alea per timore delle loro zelanti visite mattutine, onde schivare il caldo, che potrebbero durare fino a sera ».

I più illustri forestieri che si stabilirono intorno a Firenze nel Settecento, furono George Nassau, terzo conte Cowper, a Villa Palmieri, e l'eccentrica contessa di Orford alla Villa Medici di Fiesole. Durante l'Ottocento gli inglesi formarono una colonia considerevole, le cui svariate attività sono state descritte da Giuliana Artom Treves nel suo interessantissimo studio intitolato *Gli Anglo-fiorentini 1847-1862* (tra-

* Duchess of Leinster, *Correspondence,* ed. Fitzgerald, Dublin, 1949-57. I. 505.

dotto da Sylvia Sprigge: *The Golden Ring,* London, 1956). Quella colonia era ancora fiorente durante la mia infanzia e i suoi membri non erano davvero meno eccentrici dei loro predecessori, compresa Janet Ross di Poggio Gherardo, autrice di un tomo fra i più leggibili, anche se un tantino ingombrante, sulle ville fiorentine (Londra, 1901). La signora Ross fu presa a modello del personaggio di « Lady Joan » in *Friendship,* un classico di Ouida, e una rivale scrisse sul conto suo nel 1902: « Ha smesso di trafficare nei "Murillo" e nei "Perugino" coi nomi di quei pittori vergati a grandi lettere d'oro sulle cornici — tutti da vendersi a beneficio di disagiate famiglie italiane — ma ha rivolto la sua attenzione a pastorali imprese, e smercia i suoi prodotti, olio e vino, sul mercato inglese, con indubbio vantaggio sia dei compratori che suo, il che difficilmente si sarebbe potuto affermare a proposito del mestiere da lei esercitato in precedenza ». Il suo vermut fragrante, ricavato da una « segreta ricetta medicea », era in vendita negli Army and Navy Stores, e i pesci rossi nelle mie vasche son discendenti dei campioni dalla coda lunga che suo marito riportò dalla Cina all'epoca della ribellione dei Boxer... o forse ancora prima? Ahimè, si sono imbastarditi e hanno perso le code rococò.

Molta di quella brava gente si cimentava nelle belle lettere traendo l'ispirazione dalle proprie ville, e la forza ispiratrice di queste ville era tale, che ai primi del '900 nacque una fungaia sbalorditiva di libri, uno dei quali, tanto per dare un esempio, s'intitola *In a Tuscan Garden,* mentre tutti contengono molteplici « perle » d'inconsapevole comicità. Nulla poteva avere un tono meno toscano di quei volumi ingenuamente boriosi: i loro autori erano lontani le mille miglia dal comprendere l'ambiente, e quindi incapaci di adattarvisi. « Le vecchie ville italiane », citiamo dal libro suddetto, « intorno alle quali tanto si è scritto e che suscitano immagini così romantiche, sono in effetti, per la maggior parte, squallide, nude, orrende costruzioni all'esterno, e dentro si distinguono per le più varie scomodità. Mai vedi un rampicante piantato sui muri nell'intento di addolcire i loro crudi contorni, ed hanno un'aria desolata, derelitta, che contrasta fortemente con le nostre incantevoli case inglesi ».

L'ottenebrata voglia dei rampicanti... figuriamoci l'edera sulla superba facciata di Artimino o di Poggio a Caiano! La stessa signora, trovata finalmente una villa di suo gusto, confida di aver « assunto un ottimo decoratore, e la casa è stata abbellita da cima a fondo grazie a una stampigliatura di disegni artistici copiati da antichi broccati italiani ». Pochissime delle comodità descritte da Mark Girouard in *The Victorian Country House* (Oxford, 1971), come i campanelli in tutte le stanze, i montacarichi per il bagaglio, la credenza a ventilazione interna con scolapiatti in luogo dei cassetti e gli stanzini dove si stiravano i giornali prima che passassero da un lettore all'altro, si sarebbero

11

potute trovare in ville che risalivano al quindicesimo secolo e che erano cambiate poco o punto dopo di allora, nonostante che quegli esuli volontari avessero indubbiamente introdotto una certa quantità d'innovazioni. Quando i miei genitori decisero d'installare i bagni alla Pietra, una vecchia gentildonna fece osservare a mia madre: « Ma non è più carino farsi portare una tinozza in camera da letto e lasciarsi versar l'acqua addosso dalla cameriera? ». Evidentemente i semicupi erano stati ritenuti soddisfacenti dall'ambasciatore di Prussia e dai suoi ospiti quando La Pietra fu sede della sua ambasciata prima che Roma diventasse capitale.

Pochi scrittori hanno analizzato le emozioni degli angloamericani residenti a Firenze con la perspicacia di Henry James. Benché avesse preferito l'Inghilterra all'Italia come dimora stabile, egli comprese la magia della villa italiana con una sensibilità superiore a quella di quasi tutti i suoi contemporanei. L'articolo sull'« Italia Rivisitata » incluso nei *Portraits of Palaces* (1883) fu scritto, così ci confessa, « con la piena consapevolezza di non aver da fornire informazioni di sorta », eppure i suoi gusti e giudizi si riflettono in ogni pagina, e son forse più preziosi dei dati che si leggono nelle guide. Nel 1877, dopo esser salito fin sulla cima di Bellosguardo, James scrisse: « Le ville sono innumerevoli e il forestiero non sente parlare quasi d'altro. Questa villa ha una storia, quella pure ce l'ha, tutte quante hanno l'aria di avere una storia. Per lo più sono da affittare (molte anche in vendita) a prezzi inverosimilmente bassi: si possono avere una torre con giardino, una cappella e una lunga distesa di trenta finestre, per cinquecento dollari all'anno. Nell'immaginazione tu ne scegli tre o quattro: ne entri in possesso, ti ci sistemi dentro e ci passi la vita. Nelle più belle c'è un non so che di molto grave e imponente: in due o tre fra le più rare, diventa addirittura tragico e solenne. Da che cosa deriva quest'ultima impressione? L'avverti stando lì davanti sul far del crepuscolo, contemplando la lunga facciata color ocra pallido, le enormi finestre, le gabbie di ferro che sbarrano quelle inferiori. L'espressione meditabonda di queste grandi case, anche quando non sono cadute in sfacelo, è da ascriversi al fatto che paiono sopravvissute all'uso cui furono destinate in origine. Le dimensioni straordinariamente ampie e massicce sono una satira sul loro fato presente. Non furono costruite con tanto spessore di muri e tanta profondità di strombature, con tanta solidità di scale e sovrabbondanza di pietre, al semplice scopo di consentire un'economica residenza invernale a famiglie d'inglesi e di americani ».

Salvo poche eccezioni, questi si son dileguati come le ninfe nella *Waste Land* di Eliot, e non si può più prendere in affitto una villa per cinquecento dollari all'anno. Già fin dal 1902 l'autrice di *In a Tuscan Garden* lamentava l'enorme aumento del costo della vita in Italia negli ultimi trent'anni, e ciò malgrado un interessante campionario d'inglesi tutt'altro che abbienti dipingeva e scriveva e si dilettava di botanica in remote case di campagna. A questo punto occorre combattere risolutamente la tentazione di soffermarsi a parlare di quelle colte persone, quantunque molte di loro possano vantare benemerenze in vari campi.

La moltitudine di ville disseminate sui verdi colli che dominano la valle dell'Arno è sempre stata una delle grandi attrattive di Firenze, e ci siamo trovati di fronte a un vero e proprio *embarras du choix*. Dopo matura riflessione abbiamo deciso di offrire una selezione caratteristica basata sul famoso volume d'incisioni di Giuseppe Zocchi, *Vedute delle ville e d'altri luoghi della Toscana,* uscito nel 1744 e ripubblicato nel 1754, comprendendo anche le ville dei dintorni di Siena e di Lucca e illustrandone le virtù salienti senza affliggere il lettore con nozioni indigeste. Mentre hanno in comune un'aria di famiglia che le distingue dalle case di campagna d'altre regioni, non son fatte davvero con lo stesso stampo. Le ville vicino a Siena e a Lucca si differenziano nettamente. Ciascun secolo vi ha impresso il suo marchio, ma anche durante il barocco, quando l'ornato si fece più complesso, la decorazione fu più misurata che altrove. Alcune non hanno neppure un giardino che meriti qualche accenno: la mole di Artimino dai cento comignoli era circondata da un vastissimo parco riservato alla caccia. Altre invece sono più giardini che case, una serie di salotti all'aperto. Altre ancora, sobrie all'esterno, sono riccamente decorate nell'interno, e rispecchiano il lusso e la pompa dei primi abitanti che davano ricevimenti fastosi in circostanze speciali, a contrasto con la rustica semplicità della comune villeggiatura. Non sempre l'essenza del loro fascino è suscettibile di venir riprodotta, soprattutto quando la casa guardava sulla strada maestra ed era ancora parecchio lontano l'avvento del traffico motorizzato.

Chiunque abbia scritto o scriva su Firenze e dintorni ha un grosso debito verso Emanuele Repetti col suo enciclopedico *Dizionario Geografico Fisico Storico della Toscana* (1833) e verso Domenico Moreni e Guido Carocci, autori rispettivamente delle *Notizie istoriche dei contorni di Firenze* (1792) e de *I Dintorni di Firenze* (1906); queste opere sono state citate e parafrasate copiosamente, spesso senza darne atto. Sono prolifiche, prodighe di particolari che presentano un interesse precipuo per il lettore fiorentino, elencando i costruttori e gli acquirenti delle singole case, compreso il prezzo e le modifiche apportate in epoche posteriori. Gli studiosi di storia e topografia fiorentina non possono ignorarle, ma sono troppo minuziose per il pubblico in genere. Janet Ross, Edward Hutton, H. D. Eberlein, e più di recente i due esaurienti volumi di Giulio Cesare Lensi Orlandi Cardini debbono esser grati a queste fonti preziose né più né meno di noi, giacché i fatti fondamentali sono quelli che sono e non si possono inventare di volta in volta. Isa Belli Barsali ha compiutamente descritto le ville dei dintorni di Lucca nel suo dotto tomo *La Villa a Lucca dal XV al XIX Secolo* (Roma, 1964), ma riguardo alle grandi ville di Siena non troviamo nulla di paragonabile, benché Edith Wharton e Georgina Masson abbiano dispensato i frutti più prelibati della campagna senese nei loro ammirevoli saggi in forma succinta.

Dopo l'esodo in massa dei contadini verso le fabbriche di città verificatosi in seguito alla seconda guerra mondiale, estesissime e fertili zone di vigneti e uliveti son state abbandonate insieme alle case annesse, che con le loro ampie arcate, le colombaie a torretta, gli interni spaziosi e i tetti di tegole rosse, non hanno spesso niente da invidiare, in fatto d'armonia di linee, al maniero da cui dipendevano. Molte di queste case coloniche son state vantaggiosamente convertite in sofisticate abitazioni moderne, giacché le loro mura spesse le rendono fresche d'estate e facilmente riscaldabili d'inverno; inoltre richiedono scarsa manutenzione, e oggigiorno il personale domestico è un'araba fenice, o poco ci manca. Più grandi e più solide del cottage inglese medio, possono risultare ugualmente comode e accoglienti grazie agli impianti idraulici. La richiesta di queste abitazioni è in aumento costante, tanto che finiranno ben presto col costare più d'una villa storica ai tempi di James. Ecco perché gli ultimi arrivati in Toscana col proposito di piantarvi le tende danno la preferenza alle pratiche case coloniche invece che alle ville più grandiose, molte delle quali sono attualmente in vendita, come il bellissimo castello di Montegufoni.

I
VILLE
MEDICEE

Vedi note alle pagg. 281-285

1

2

3

4

5   6

8 9

10 11

12

13

14

15

16

17

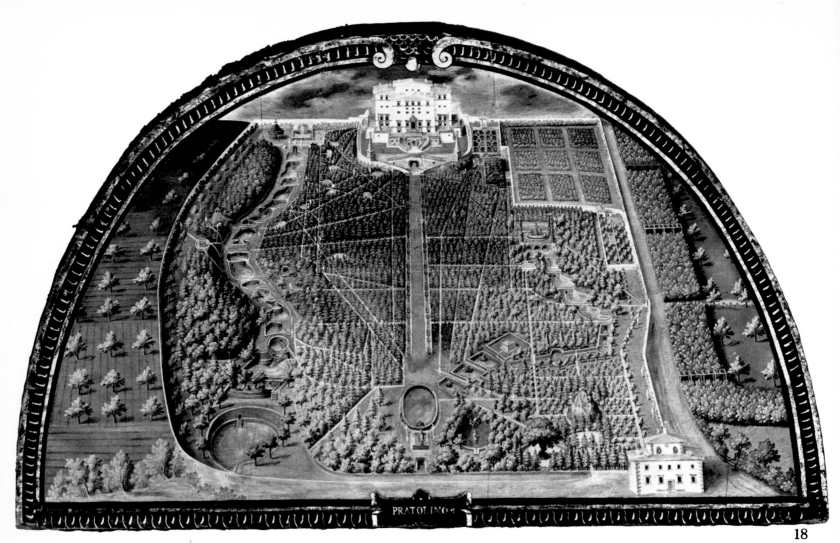

PRATOLINO

18

19

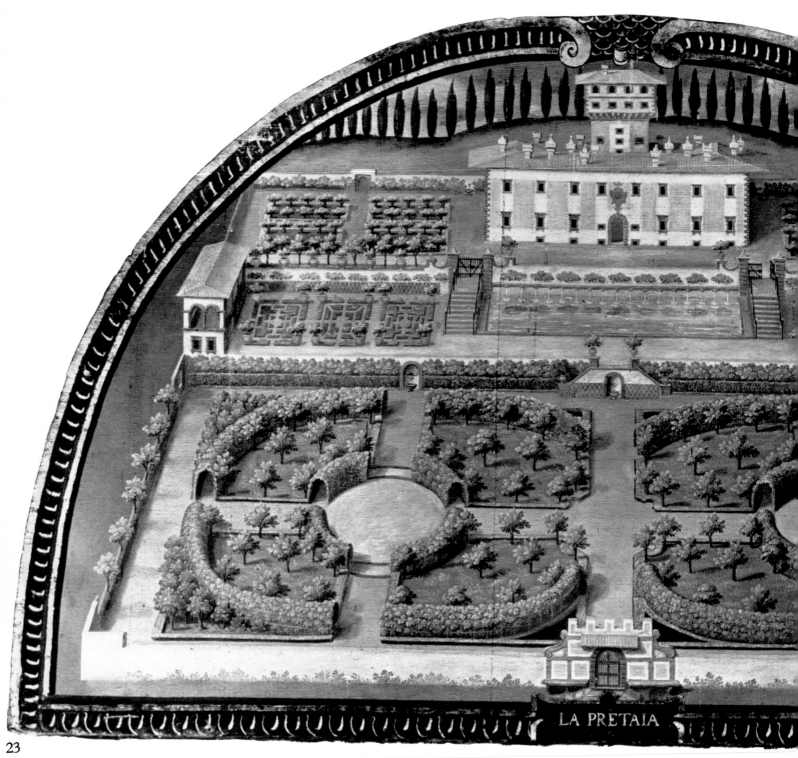

LA PRETAIA

23

IMPERIALE VILLA DELL

SERENI·MA·ARCIDVCESSA·DI·TOSCANA

Alfonso Parigi. I et f.

27

28

VILLE
MEDICEE

L'opera monumentale di Gaetano Pieraccini sulla famiglia dei Medici, unica nel suo genere in quanto è una cronistoria dei loro vari acciacchi, s'intitola a giusto motivo *La Stirpe dei Medici di Cafaggiolo* perché fu da questa località, situata nella regione montuosa del Mugello a nord di Firenze, che gli oscuri progenitori della gran dinastia emigrarono durante il tredicesimo secolo in cerca di fortuna. Di conseguenza, sia Cafaggiolo che il Trebbio, castelli piuttosto che ville, si collegano strettamente con le origini dei Medici, che conservarono un affetto atavico per entrambe.

Cosimo il Vecchio, nell'intento di rammentare ai discendenti la loro origine mugellese, nonché di proiettare nel tempo l'immagine di una dimora ancestrale di propria creazione, affidò al suo architetto preferito, Michelozzo Michelozzi, l'incarico di costruire il castello di Cafaggiolo nello stile d'una fortezza medievale. Secondo il Vasari (le cui *Vite de' più eccellenti pittori, scultori et architettori* hanno anche oggi un valore inestimabile come testo di consultazione, giacché conducono lo studioso sino alle fonti della sua ricerca senza affliggerlo con pedantesca monotonia), Michelozzo circondò Cafaggiolo con un fosso, scomparso in epoca posteriore insieme a una delle torri originali dell'ala sinistra, « ...ed ordinò i poderi, le strade, i giardini e le fontane con boschi attorno, ragnaie e altre cose di ville molto onorate ». Era l'anno 1451.

Notiamo con rammarico la sparizione della torre più alta e del ponte levatoio davanti all'ingresso raffigurati nell'incisione dello Zocchi, ma la villa serba tuttora una rude eleganza negli archi a bastionata sotto al tetto, che ricordano la cuffia di trina in testa a un'antiquata gentildonna di formidabile austerità. Le serve da armoniosa cornice il fertile paesaggio sotto colli ondulati, tanto da mitigare il dispiacere per la scomparsa dei giardini, che probabilmente erano cintati all'uso medievale; l'interno è deludente perché fu manomesso nel secolo scorso. Meglio contemplare le masse rettangolari sullo sfondo del cielo e immaginare un ambiente brulicante di cacciatori e cortigiani in costumi sgargianti.

La fortezza del Trebbio è resa più spettacolare dalla sua posizione solitaria in vetta a una collina boscosa, due chilometri sopra Cafaggiolo. Narra il Vasari che Michelozzo vi apportò varie migliorie, ma non è facile individuarle. A quanto sembra, l'artista rispettò il nucleo originale in conformità dello spirito archeologico, costruendo il cortile con una scalinata esterna e una loggia, oltre al passaggio coperto intorno ai bastioni e sotto il tetto della torre che risale al dodicesimo secolo. Fors'anche vi aggiunse le caratteristiche merlature. Dall'imponente torre quadrata lo sguardo spazia all'intorno su una veduta del Mugello ch'è rimasta press'a poco immutata da quando Dante percorse la strada tortuosa verso l'esilio, e il giardino conserva nella purezza del disegno un

*Cafaggiolo: incisione
dallo Zocchi*

tono medievale, quasi una reminiscenza del trattato di Pietro Crescenzi, *Opus Ruralium Commodorum* (che circolò per oltre un secolo in manoscritto prima di venir stampato nel 1471) e di miniature delicate sul tipo di quelle che illustrano il *Roman de la Rose*.

Il Crescenzi raccomandava che il giardino fosse quadrato, con erbe odorose d'ogni specie sui bordi (salvia, basilico, maggiorana, menta, capraggine) e con vialetti erbosi, pergole di vite per godere il refrigerio dell'ombra; in mezzo al prato non dovrebbero esserci alberi, ma « la fresca spianata dell'erba lasciata sola in un'aria pura e gioiosa, e magari una chiara fontana che aggiunga piacere e letizia con la propria bellezza ».

Entrambe queste ville-fortezze furono adibite a residenza estiva, soprattutto delle giovani generazioni, da Cosimo il Vecchio e dai suoi discendenti. Potevano servire da roccaforte in caso d'insurrezione e da rifugio in tempo di peste. La vita dei campi favorisce la corrispondenza, e molte lettere dei primi Medici furono scritte dal Trebbio o da Cafaggiolo. Una scelta di esse nella traduzione di Janet Ross* ci consente di cogliere qualche fugace visione della loro vita domestica nel Mugello, di una placidità bucolica fino alla monotonia, in contrasto con gli eventi che avevan luogo a Firenze, distante una trentina di chilometri.

Cosimo il Vecchio si trovava al Trebbio quando, nel settembre del 1433, la Signoria di Firenze a lui ostile gli ingiunse di presentarsi a un'urgente adunanza in Palazzo Vecchio. Malgrado gli ammonimenti degli amici e i sospetti personali, Cosimo volle correre il rischio di ubbidire all'ordine, come in seguito avrebbe agito suo nipote Lorenzo allorché mise a repentaglio la propria incolumità a Napoli cacciandosi

* Janet Ross: *Lives of the early Medici as told in their Correspondence*, London, 1910.

nella fossa dei leoni e, sempre come lui, fu ampiamente giustificato dalle successive vicende. Nel frattempo il suo potente nemico Rinaldo degli Albizzi aveva stabilito di rovinarlo. L'arresto di Cosimo nel corso d'un tranquillo colloquio; la sua prigionia in una cella minuscola a metà altezza della torre di Palazzo Vecchio; il digiuno volontario per paura d'essere avvelenato, che lo condusse sull'orlo della tomba, e il tentativo felicemente riuscito di corrompere il Gonfaloniere di Giustizia; il bando di dieci anni a Padova in luogo della condanna a morte ambita dai suoi nemici; questi drammatici particolari furono annotati nel diario di Cosimo oltre che dai più autorevoli storici di Firenze. La condotta di Cosimo dal principio alla fine della crisi appare improntata a un'estrema sicurezza di sé. Dietro richiesta del governo veneziano gli venne concesso di trasferirsi a Venezia dove, egli scrisse, « fui ricevuto come un ambasciatore, non come un esule... Si stenterebbe a credere che, bandito dalla patria, io avrei trovato tanto onore, poiché di solito, insieme alla propria fortuna, si perdono anche gli amici ».

Ma la fortuna materiale egli non l'aveva perduta, perché controllava le banche di sedici città europee e prestava denaro a sovrani ed a papi. Niccolò d'Este di Ferrara e i messi della Serenissima peroravano la sua causa mentre a Firenze si rafforzava la sua fazione. Dopo un anno, Cosimo fu richiamato dalla maggioranza dei Signori e, come scrisse il Machiavelli, « ritornò con tanta reputazione e con sì grande allegrezza dall'esilio, con quanta mai tornasse alla patria sua alcun altro cittadino trionfante da qualsivoglia o possa immaginare felicissima impresa vittoriosa... Rade volte occorse, che un cittadino fosse ricevuto dalla sua patria con tanto concorso di popolo e con tanta dimostrazione di benevolenza, con quanta fu ricevuto egli tornando dall'esilio ». « Pater Patriae »: il memorabile appellativo fu scolpito sulla sua semplice tomba in San Lorenzo.

A Venezia lo aveva fedelmente seguito il grande Michelozzo, e Cosimo continuò a tempestarlo di ordinazioni. La sua bella dimora fiorentina, oggi la Prefettura, la chiesa e il convento di San Marco, con la nobile biblioteca dal soffitto a volta e le file di ritmiche colonne, sono alcuni tra i monumenti più cospicui che si debbano all'ingegno di Michelozzo, ma a noi interessano le ville da lui disegnate e rifatte, e queste hanno subìto parecchie modifiche dopo il Quattrocento. Oltre a Cafaggiolo e al Trebbio, Michelozzo rammodernò la villa di Careggi e costruì la Villa Medici di Fiesole per il figlio prediletto di Cosimo, Giovanni, premorto al padre nel 1463.

La villa di Careggi, oggi incorporata nella vasta estensione dell'omonimo centro ospedaliero situato più di tre chilometri a nord-ovest di Firenze, deve in parte la sua rinomanza al fatto di esser stata la culla dell'Accademia Platonica, che sotto la tutela di Cosimo fu la principale promotrice dell'ellenismo italiano. Michelozzo ingrandì e restaurò l'edificio (che Lorenzo, fratello di Cosimo, aveva comprato nel 1417), annettendovi il cortile, la loggia, il pozzo, la colombaia, la torre e l'orto cintato, e preservandone il carattere esterno ma trasformandolo internamente. Ciò nonostante, fa l'effetto d'un palazzo di città piuttosto che d'una genuina abitazione campestre. La nascita della villa toscana vera e propria avvenne quando non fu più necessario proteggerla con fortificazioni, dopo che si era tolta di dosso la massiccia armatura e poteva presentarsi nuda e imperterrita.

Il Vasari definisce magnifica la villa di Careggi e ci informa che Michelozzo vi convogliò l'acqua per le fontane « che oggi vediamo », ma tutto è mutato tranne l'imponente cortile. Data la sua maggior vicinanza a Firenze, Cosimo vi trascorreva più tempo che nelle altre ville di sua proprietà, e Careggi divenne il centro della vita culturale e politica, che richiamò gli studiosi da altre parti d'Italia, e addirittura da Costantinopoli. Qui egli sistemò la sua ricca biblioteca e empì le stanze d'esemplari scelti degli artisti che più ammirava, quali Fra Filippo Lippi e Donatello; il Vasari riferisce vari aneddoti divertenti, intesi a esemplificare la familiarità di Cosimo con quei suoi prolifici contemporanei. Donatello, dice, « fu potissima cagione che a Cosimo de' Medici si destasse la volontà dell'introdurre a Firenze le antichità che sono ed erano in Casa Medici; le quali tutte di sua mano acconciò », un'esagerazione scusabile, questa, giacché Donatello disponeva di parecchi allievi che lavoravano alle sue dipendenze. Vespasiano da Bisticci, il primo biografo dei fiorentini illustri del Quattrocento, racconta: « Poiché Donatello non andava vestito come Cosimo avrebbe voluto, Cosimo gli donò uno mantello rosato e uno cappuccio, e fecegli una cappa sotto il mantello, e vestillo tutto di nuovo e una mattina di festa glieli mandò a fine che li portasse. Portolli una volta o dua, di poi li ripuose, e non gli volle portare più, perché dice che gli pareva essere dilegiato ».

Sempre secondo il Vasari, Cosimo ebbe cura del maestro quando fu diventato troppo decrepito per continuar e lavorare. « Dicesi che venendo Cosimo a morte lo lasciò raccomandato a Piero suo figliuolo; il quale, come diligentissimo esecutore della volontà di suo padre, gli donò un podere in Cafaggiuolo di tanta rendita, che l'ne poteva vivere comodamente. Di che fece Donato festa grandissima, parendogli essere con questo più che sicuro di non avere a morir di fame. Ma non lo tenne però un anno, che ritornato a Piero, glielo rinunziò per contratto pubblico, affermando che non voleva perdere la sua quiete per pensare alla cura famigliare ed alla molestia del contadino, il quale ogni terzo dì gli era intorno, quando perché il vento gli aveva scoperta la colombaia, quando perché gli erano tolte le bestie dal comune per le gravezze, e quando per la tempesta che gli aveva tolto il vino e le frutte: delle quali cose era tanto sazio ed infastidito, ch'e' voleva innanzi morir di fame, che avere a pensare a tante cose. Rise Piero della semplicità di

Donato: e per liberarlo di questo affanno, accettato il podere, che così volle al tutto Donato, gli assegnò in sul banco suo una provvisione della medesima rendita o più, ma in danari contanti, che ogni settimana gli erano pagati per la rata che gli toccava; del che egli sommamente si contentò: e servitore ed amico della Casa de' Medici, visse lieto e senza pensieri tutto il restante della sua vita... ».

Abbiamo citato per intero questo brano perché ha un sapore così schietto. Lo scaltro contadino toscano resta ancora oggi un brontolone inveterato. Cosimo, che nutriva un autentico interesse per l'agricoltura e che comprendeva i suoi villici, sapeva venir a capo delle loro lamentele e rabbonirli a forza di arguzie e di buon senso. « D'agricoltura », scrisse Vespasiano da Bisticci, « egli era intendentissimo, e ragionavane, come s'egli non avesse mai fatto altro... e quando venivano a Firenze i contadini, ne gli domandava del frutto e del luogo dov'egli era; di sua mano si dilettò di nestare e di potare; in modo, che mi trovai uno dì a ragionare con lui, che, sendo in Firenze il morbo, sendo lui di non molta età, si partirono da Firenze e andorono a Careggi; e sendo di febraio, che è nel tempo che si potano le viti, faceva dua degni esercizi; l'uno, com'egli si levava, andava a potare delle viti, e per dua ore non faceva altro ». Agli esercizi del corpo Cosimo alternava quelli dello spirito; i giochi, a eccezione degli scacchi, non erano di suo gusto.

L'Ammirato descrive il fisico di Cosimo: media statura, carnagione olivastra e figura imponente. Quanto alle abitudini personali, era parco e sua moglie, Contessina de' Bardi, proveniente lei pure da una famiglia patrizia di banchieri, era anche più parca di lui, a giudicare dalle sue lettere, che paion quelle di una oculata massaia. Per esempio, il 18 dicembre del 1450, così scriveva al figlio Giovanni, allora a Volterra: « Le cose che tu mi chiedi tutto ti manderò per lo primo virà costà... Le scarpette tue erano fatte, ma l'aveva fatte nere; e bisognò rifarle... Nonistante ti scrivessi che noi avessimo pagato tropi denari pe' porci, vorei ce ne mandassi qualche porco o cavriuolo che l'avessimo a Pasqua, al caso che ne fossi donati, ché avendoli a comperare nolli vogliamo, però che messer Rosello dice voler fare la Pasqua meco ». (Come scrisse il Pieraccini, il trattamento che Contessina si preparava a fare a Rossello Rosselli di Arezzo, dotto umanista e prete gaudente amico di casa, era dei più modesti, non tanto nei riguardi del brav'uomo, quanto perché messer Rosello era arrivato a Casa Medici con doni, come Contessina ci fa sapere nella stessa lettera: « Ha arrecato a Cosimo una bella ciopa [specie di cappa] a la polacca di martore e zibellini e uno pajo di guanti e uno dente di pesce è lungo un braccio, che abiendosi a fare qui la festa de' Magi queste cose darano un po' di risquitto al mio drapo a oro »).

Altre lettere trattano degli abiti da inverno e da estate, di provviste per la dispensa della famiglia, e perfino dei pali per la vigna. In una,

45

Contessina chiede a Giovanni di veder se riesce a trovare in un canterano un paio di forbici appartenenti a Cosimo che, pur apprezzando le virtù casalinghe della consorte, era manifestamente stufo delle sue chiacchiere. Cosimo sprecava di rado le parole, e con l'andar degli anni s'intensificò sempre più in lui l'umore meditabondo e taciturno che tanto angustiava Contessina. Alle sue ansiose domande rispose un giorno: « Quando andiamo in campagna, ti dai un gran daffare per due settimane a preparar la partenza, ma poiché io sono sul punto di lasciar questa vita per un'altra, non ti sembra che abbia già parecchio con cui tener occupati i miei pensieri? ».

La biblioteca fu una gran consolazione per Cosimo dopo che gli morì il figlio Giovanni per il quale aveva fatto costruire Villa Medici a Fiesole. Giovanni somigliava nel carattere al nipote Lorenzo il Magnifico: era un assiduo bibliofilo, appassionato della musica e delle arti, e a quanto pare i successivi abitanti della villa condivisero le sue inclinazioni. Così descrisse il Vasari Villa Medici: « È un magnifico ed onorato palazzo, fondato dalla parte di sotto nella scoscesa del poggio, con grandissima spesa, ma non senza grande utile, avendo in quella parte da basso fatto volte, cantine, stalle, tinaie ed altre belle e comode abitazioni; di sopra poi, oltre le camere, sale ed altre stanze ordinarie, ve ne fece alcune per libri, e alcune altre per la musica: insomma mostrò in questa fabbrica Michelozzo quanto valesse nell'architettura, perché, oltre quello che si è detto, fu murata di sorte, che ancorché sia in su quel monte, non ha mai gettato un pelo ».

I turisti e i fiorentini in genere si sentono tenuti a salire a Fiesole per ammirare l'incomparabile panorama della città che si dispiega nella valle sottostante, mentre i proprietari di questa villa possono goderselo senza muovere un passo. Malgrado che Giovanni non fosse vissuto abbastanza da valorizzarla al massimo, suo nipote Lorenzo vi trascorse molte ore di fecondo riposo in compagnia di Pico della Mirandola, di Marsilio Ficino, del Poliziano e d'altri amici dell'Accademia Platonica. Stando al Poliziano, che ne cantò di frequente le lodi, da qui avrebbe preso le mosse la congiura dei Pazzi che mirava a sterminare i Medici. Il piano era stato imbastito a Roma da Girolamo Riario, il famigerato nipote di Papa Sisto IV, ma invece di venir a Firenze di persona, il Riario ci mandò a sua volta un nipote, il giovane Cardinale Raffaello Riario che fu ospite di Jacopo de' Pazzi, capo del clan avverso ai Medici. Jacopo aveva due fratelli, e fra tutti e tre contavano una prole numerosa, composta di dieci maschi adulti e di molte femmine: il figlio d'uno di questi fratelli aveva sposato Bianca, nipote di Cosimo, ma il legame di parentela non distolse Jacopo dal sanguinario proposito. Dopo aver ascoltato la messa nella Badia di San Domenico, i Pazzi e il giovane prelato, che sembra fosse un'innocente pedina nelle mani altrui, furono invitati a pranzo nella villa da Lorenzo, ma suo fratello

Giuliano non poté assistere al convito per via di « un'infiammazione agli occhi », e perciò il delitto subì un rinvio. Né Lorenzo né Giuliano, che godevano di un'enorme popolarità, nutrivano il menomo sospetto del pericolo che li minacciava. Molti storici hanno narrato l'uccisione di Giuliano, avvenuta dopo breve tempo nella Cattedrale. Giuliano, un giovane venticinquenne dalla figura atletica, era affezionatissimo al fratello e ne condivideva gli entusiasmi letterari e artistici, e la sua morte violenta destò il compianto della maggioranza del popolo fiorentino. Lorenzo, benché ferito al collo, riuscì a rifugiarsi in sacrestia. Durante il tumulto che seguì alla congiura, mandò i figli a Cafaggiolo per metterli in salvo.

Estinta la stirpe dei Medici, la villa di Fiesole passò per le mani di varie personalità singolari e dotate d'ingegno. Nel giugno del 1779 Henry Swinburne scriveva: « Abbiamo pranzato da Lady Orford nella sua villa di Fiesole, in posizione superba per la veduta, e questa sua casa è oltremodo comoda e elegante, forse la meglio arredata d'Italia in fatto di gusto e di decoro, ma troppo alta, troppo rinchiusa, eppoi sorge sopra una balza rocciosa, che d'estate riverbera un'afa cocente ».*

Questa eccentrica Lady Orford era un'ereditiera del Devonshire che da ragazza si chiamava Margaret Rolle. Aveva sposato il figlio maggiore di Sir Robert Walpole (cui fu conferita la dignità di Pari mentre viveva ancora suo padre), ed era quindi cognata di Horace Walpole, ma si sbarazzò presto del marito. Dopo aver dimorato a Napoli, si trasferì a Firenze, dov'ebbe per amante, fra gli altri, un influente lorenese, il Conte de Richecourt. Lady Orford era un pruno nell'occhio di Sir Horace Mann, l'ambasciatore inglese, che la nomina di frequente nelle sue lettere a Horace Walpole. Nell'ottobre del 1741 gli diceva: « Il grande Maffei [Scipione] scrive da Verona (nei cui dintorni si trova Lady Walpole) che tante mai donne egli ha conosciuto, ma nessuna paragonabile a lei per intelletto e cultura. Maffei litiga di continuo con chiunque lo contraddica, e lo dichiara stolto *ipso facto*. Milady, per molte ragioni, suol dire di sì a tutte le reboanti parole di saggezza ch'egli si compiace di proferire, per incomprensibile che sia il suo linguaggio, e vien dichiarata *ipso facto* intelligente anche lei ». E nel febbraio del 1742: « Stamane è venuta Lady Walpole, era la prima volta che metteva piede in questa casa. Non parla d'altro che di Venezia, e va in giro vestita *à la Veneziana*. Io non sono ancora nelle sue grazie ».

Nel 1773 Sir Horace informava l'altro Horace che Lady Orford aveva comprato la villa di Fiesole mentre in Inghilterra il giovane Lord Orford suo figlio era sull'orlo della rovina e della pazzia. « Il Cavalier Mozzi, messaggero di lei, m'ha detto ch'ella gli aveva espresso il desiderio ch'io vi comunicassi come qualmente, se la tarda età e la malferma salute glielo consentissero, partirebbe in gran fretta per l'In-

* Henry Swinburne: *The Courts of Europe at the close of the last century,* London, 1895.

47

ghilterra, pur non comprendendo in che modo potrebbe esser utile al figlio... ». E quando si fecero più allarmanti le notizie sul conto del giovane: « È venuta da me, e mi ha manifestato la propria inquietudine e il proprio imbarazzo, asserendo ch'è troppo vecchia e inferma per intraprendere un simile viaggio, e non vede di qual giovamento potrebbe essergli se fosse laggiù... Ieri è partita per Napoli, credo, onde portar via tutta la mobilia e stabilirsi in Toscana ». Mesi dopo, a chi le faceva premura di recarsi presso l'infelice figliolo, Lady Orford rispose negativamente col solito pretesto dell'infermità, e in giugno, quando ribadì le sue scuse dichiarandosi fermamente decisa a non andare in Inghilterra benché il figlio avesse ormai un piede nella tomba, Mann scrisse: « Voi conoscete la situazione, e vi renderete conto facilmente che motivi più forti di quelli da lei addotti, la vecchiaia e la cattiva salute, rendono insormontabile la sua ripugnanza a tornare in Inghilterra; perciò, a parer mio, sarebbe vano insistere in tal senso ». Quanto alla salute di Lady Orford, soggiungeva Mann, « ogni mattina ella monta a cavallo per qualche ora, ed il resto del giorno è in continuo movimento, il che le permette di conservare un'energia non comune alla sua età ».

Lady Orford morì nel gennaio del 1781, lasciando la villa e gli altri suoi beni al Cavalier Mozzi. « L'intero ammontare dell'eredità sarà assai cospicuo », scrisse Mann, « calcolando soltanto ciò ch'ella possedeva qui e a Napoli. Né lei né Mozzi paventarono lontanamente l'appressarsi della morte fino al 10 gennaio, e la signora morì il giorno 13. A dire il vero, già da qualche tempo le sue forze stavano scemando, e tuttavia ella pranzava e andava d'attorno come al solito, senza mai lamentarsi... Mozzi m'ha assicurato più volte che Lady Orford non gli confidava mai nulla circa i propri affari in Inghilterra, e credo che non ne conoscesse i dettagli neppur lei, giacché era nota la sua abitudine di non aprir mai le lettere dei suoi amministratori di costà, ma le gettava in un cassetto, dove parecchie son state rinvenute ancora sigillate; e in tutte si deplora il suo silenzio e il danno che ne conseguiva ai suoi interessi... ciò nonostante ella badava assai alle piccole spese... ».

« Non ho mai sentito dire che Lady Orford avesse avuto due figlie da Richecourt, né ci credo. Sembra che voi sbagliate sul conto del Mozzi: egli appartiene a una delle famiglie più ricche della nobiltà di qui, e non è povero in confronto ai suoi compatrioti. Ella lo scelse, non v'è dubbio, per la sua bellezza che a quel tempo era grande e in pieno fiorire, ma desiderava lasciar intendere che la parzialità della propria scelta andasse attribuita al sapere di lui (ch'era considerevole, tant'è vero che ha pubblicato certi lavori in Scienza Matematica stimati dai dotti). Richecourt contava poco o nulla, non era né giovane né di bella presenza. Le attenzioni del Mozzi son state ricompensate a usura, ma sua madre e il parentado, o per meglio dire gli amici, han sempre inveito contro

48

Lady Orford perché era d'intralcio a che egli si ammogliasse e generasse una prole, essendo l'unico maschio della famiglia ».

Il Cavalier Mozzi si sposò tre anni dopo e vendé Villa Medici ai Buoninsegni di Siena. Nel 1780 era stata modificata dall'architetto Gasparo Paoletti per adattarla al gusto del Settecento, e ben poco rimane a ricordarci Michelozzo, che sarebbe stato sbalordito al veder nell'interno la carta da parati cinese. Nel secolo successivo fu meglio conosciuta col nome di Villa Spence: così si chiamava infatti il suo ospitale e versatile proprietario, William Blundell Spence, pittore, musicista, attore e collezionista, sempre pronto a ricevere tutti i celebri personaggi che capitavano a Firenze. Spence scrisse inoltre una guida della città, e il suo ritratto figurava un tempo agli Uffizi; come il suo predecessore Mozzi, fu creato cavaliere. Durante la mia gioventù la villa apparteneva a Lady Sybil Cutting (in seguito Scott e Lubbock), e qui fu allevata sua figlia, la Marchesa Iris Origo, scrittrice di eccezionale talento oltreché biografa del Leopardi e dell'« Ultimo Amore » di Byron. La sua infanzia è rievocata a vivide tinte nel suo recente volume *Images and Shadows*. Lady Sybil, una superlativa *bas-bleu*, sarebbe giudicata eccentrica anche ai nostri giorni; come Lady Orford, si lagnava della cattiva salute, e nondimeno sapeva essere di una vivacità straordinaria appena le saltava il ticchio. Ai suoi tempi aleggiava ancora per Villa Medici l'ombra dell'Accademia Platonica, con Geoffrey Scott e Percy Lubbock nelle spoglie di pallidi successori di Marsilio Ficino e del Poliziano.

Col suo intuito sottile Cosimo il Vecchio riconobbe il genio precoce di Marsilio Ficino e lo volle presso di sé quand'ebbe compiuto diciotto anni. Sotto l'insegnamento di Giovanni Argyropulos il ragazzo divenne un colto ellenista, addestrato in special modo a tradurre e interpretare le opere di Platone. Gli avversari dei Medici credettero di scoprire un'astuzia serpentina nel culto di Cosimo per il Platonismo, quasi ch'egli covasse il sinistro proposito di pervertire il carattere toscano e distrarlo dall'attività politica. Il nipote Lorenzo, secondo il professor Eugenio Garin, sfruttava il Ficino non solo per conferire maggior lustro alla sua casa, ma anche per insidiosi motivi di propaganda politica. Cosimo e Lorenzo, viceversa, furono sinceri umanisti, e lo dimostra la gran pena che si diedero come mecenati dell'arte e delle lettere. La riscoperta di Platone e della filosofia greca fu eccitante per loro né più né meno di quanto lo fu per Donatello e per il Brunelleschi quella dell'arte classica. Cosimo regalò al Ficino la villa che oggi va sotto il nome di Le Fontanelle, vicino a Careggi, consentendogli di proseguirvi gli studi in un'atmosfera pacifica, e una delle sue ultime lettere fu diretta, appunto, al Ficino: « Venni hieri nella villa di Carreggio, non per ragioni di cultivare il campo, ma sì bene l'animo. Sì che di gratia, M. Marsilio mio, venite a stare da noi quanto più presto potete et portate con esso voi quel libro del nostro Platone ch'e' tratta del sommo bene; il quale io penso che già voi costì habbiate come mi prometteste tradotto de la lingua greca ne la latina, perciocché io voglio che voi sappiate che e' non è cosa alcuna che io più ardentemente desideri che il conoscere qual sia quella strada che a la felicità ci guidi e conduca. State sano e venite, ma non venite senza la lira ».

Cosimo, suo figlio Piero il Gottoso e suo nipote Lorenzo il Magnifico, morirono a Careggi, allora gremita dei capolavori che tutti e tre non avevano mai smesso di collezionare. Disgraziatamente la villa fu saccheggiata e in parte incendiata da giovani estremisti, i cosiddetti Arrabbiati (precursori dell'*Angry Brigade* nell'odierna Inghilterra) nel 1494, allorché i Medici vennero espulsi da Firenze. Durante il regno dei Granduchi, che la restaurarono, Careggi fu trattata come un'antiquata abitazione nei sobborghi fra tant'altre ben più grandiose e comode. Nel 1750 la dinastia di Lorena la vendé al Conte Vincenzo Orsini, e nel 1845 la prese in affitto Lord Holland, ambasciatore inglese presso la Corte Toscana. Il suo ospite G. F. Watts ne affrescò la bella loggia con una scena apocrifa: l'uccisione di Piero Leoni, medico di Lorenzo. Veramente il medico impazzì e si annegò in un pozzo dopo la morte del suo signore; da qui nacque la diceria che avesse avvelenato Lorenzo e fosse stato buttato in un pozzo per vendicarlo ma, come osservò giustamente uno scrittore francese, i medici ammazzano il prossimo, non già se stessi. Al pianterreno di Palazzo Pitti, nel Museo degli Argenti, uno splendido affresco di Francesco Furini rappresenta Lorenzo e l'Accademia Platonica a Careggi: in esso si può vedere la villa com'era al culmine della magnificenza.

La romanziera Elizabeth Sewell guardò « in fondo al pozzo del cortile dove fu gettato il medico che avvelenò Lorenzo », e nel 1862 scrisse ancora: « Ma, strano a dirsi, questo luogo non appare vecchio né tetro, bensì gaio per marmi e dipinti fin dove può renderlo tale il gusto inglese d'oggidì, senonché si avverte un senso raccapricciante e spettrale nei ricordi che lo infestano; e il corridoio lungo e angusto, che gira tutt'intorno alla casa immediatamente sotto al tetto, con le stanze basse che vi si affacciano, i cui pavimenti son resi pericolanti dal gran tempo trascorso, rammentano che la moda moderna è soltanto una *moda*, e che Careggi fu effettivamente il centro della sontuosità e delle colpe dei Medici. Una spaziosa terrazza coperta, o loggia, si apre dalle stanze ove Lorenzo dimorò nei sui ultimi giorni di vita. Essa domina una superba veduta di Firenze; e lì, senza dubbio, tutti gli uomini illustri che Lorenzo protese, si ricrearono sovente nelle sere d'estate... I personaggi dell'epoca assumevano un'intensa realtà per chi sostava nel punto preciso dove dovevano radunarsi... ».*

Cafaggiolo e il Trebbio erano i luoghi preferiti per la villeggiatura dei bambini, che vi soggiornarono con la madre, Clarice Orsini, al tempo della congiura dei Pazzi. Il Poliziano si annoiava enormemente in loro

* *Impressions of Rome, Florence and Turin.* By the Author of « Amy Herbert ». London, 1862.

compagnia, e si lagnò dell'ingerenza di Clarice nell'educazione di Pieo e di Giovanni, il futuro Papa Leone X. Da allora scarseggiano i riferimenti a questi castelli nel Mugello finché Cosimo, primo Granduca del ramo cadetto, vi trascorse un periodo della sua fanciullezza, e vi si rifugiò Lorenzino dopo aver assassinato il Duca Alessandro. In seguito, nel luglio del 1576, Don Pietro, il figlio minore del Granduca Cosimo, strangolò la giovane moglie a Cafaggiolo. Don Pietro aveva sposato una cugina per parte di madre, Eleonora o Dianora, figlia di Don Garzia di Toledo. Pare che mentre il marito la trascurava, Eleonora si consolasse con parecchi spasimanti, uno dei quali entrò in convento; un altro, Bernardo Antinori, che aveva ucciso in duello il rivale Francesco Ginori, fu giustiziato al Bargello. Il Granduca Francesco, primogenito di Cosimo, volle che si vendicasse l'onore della famiglia nonostante che lui stesso, tutt'altro che uno stinco di santo, convivesse tranquillamente con l'amante Bianca Cappello. Il cadavere della giovane sposa fu mandato a Firenze per dargli sepoltura di nascosto unitamente a una laconica lettera di Pietro al Granduca in cui lo s'informava che « questa sera alle sei mia moglie è morta per un accidente » (9 luglio 1576). E il Granduca scrisse cinicamente a suo fratello, il Cardinale Ferdinando: « Hier notte a cinque hore sopragiunse a Donna Leonora un accidente tanto terribile che trovandosi in letto la soffocò senza che Don Pietro od altri potessino esser in tempo a soccorrerla con i remedij, il che mi ha dato non poco travaglio... Stanotte si è fatta condurre di Cafaggiolo qui in San Lorenzo per farne poi le debite esequie ». Di lì a pochi giorni anche Isabella Orsini, l'avvenente sorella del Granduca, fu strangolata dal marito a Cerreto Guidi per una ragione analoga. Il suo presunto amante, Troilo Orsini, un cugino del marito che aveva l'incombenza di tenerla d'occhio, fuggì in Francia dove fu ucciso da assassini prezzolati.

Forse è a causa del delitto perpetrato tra le sue mura che sentiamo più raramente parlare di Cafaggiolo come residenza della famiglia, finché nel 1864 fu venduta al Principe Borghese; la villa compare tuttavia in una gioconda scena di caccia del Seicento, dove figurano il dissoluto Cardinale Giovan Carlo de' Medici e i suoi cortigiani. Oggi è conosciuta piuttosto per le sue maioliche. L'arte della maiolica fu perfezionata sui primi del Cinquecento, quando i Medici invitarono a stabilirvisi la famiglia Fattorini di Montelupo. Le ceramiche di Cafaggiolo continuarono a prosperare fino al Settecento.

Piero il Gottoso, le cui doti sono state sottovalutate a causa della sua cronica infermità, abitò più a lungo a Careggi, attorniato dalla comunità dei Platonici che in precedenza si riuniva intorno a suo padre. Luigi XI di Francia gli usò la cortesia di autorizzarlo ad inserire il giglio francese nello stemma di famiglia.

A quanto sembra, benché lui e la sua cerchia fossero strettamente legati a Careggi, come vediamo nell'affresco del Furini, Lorenzo il Magnifico preferiva il ristoro agreste di Poggio a Caiano, la villa situata a circa sedici chilometri da Firenze sulla via di Pistoia, dove egli trasse copiosa ispirazione poetica. Se si considera la sua attività multiforme di governante, banchiere, diplomatico, capo d'una grande famiglia, padre affettuoso, platonico entusiasta, mecenate delle arti e collezionista di libri e di antichità, ci si domanda come o quando Lorenzo trovasse il tempo di comporre. L'allegoria *L'Ambra,* un poemetto che deriva da Ovidio, prende nome da un isolotto formato dal fiume Ombrone vicino alla villa di Poggio a Caiano; e questa da principio si chiamò Ambra, appunto, come sappiamo da Michele Verini, che la descrisse in un periodo di poco successivo a quello in cui ne furono gettate le fondamenta. « La villa », egli dice, « abbonda di quaglie e d'altri uccelli, specialmente acquaioli, talchè il passatempo dell'uccellagione si gode qui senza fatica alcuna. Lorenzo ha altresì popolato i boschi di fagiani e pavoni, che fece venire dalla Sicilia. I suoi frutteti e giardini sono assai lussureggianti, e si estendono lungo le rive del fiume. La piantagione di gelsi è di tal vastità, che possiamo sperare di aver fra non molto un calo nel prezzo della seta ».

Narra il poemetto di Lorenzo che la casta ninfa Ambra, mentre si bagna nell'Ombrone, desta le voglie del dio fiume, figlio degli Appennini. Nel tentativo di sottrarsi ai suoi amplessi con la fuga, Ambra implora Diana di salvarla ed è trasformata in una rupe: la rupe diventa un'isola nel fiume. Il godimento che Lorenzo provava davanti alle scene della natura era eccezionale, se non unico, rispetto alla mentalità dell'epoca. La sua poesia è una serie di quadri di genere trasposti in parole e permeati di quell'amore.

Alcuni critici hanno negato a Lorenzo la paternità di un altro geniale idillio rusticano ambientato in Toscana, la *Nencia da Barberino,* ma la sua briosa fantasia che s'intitola *La caccia col falcone* rievoca la tipica atmosfera del Mugello dove il poeta aveva trascorso i suoi primi anni. Dalla partenza della comitiva al mattino fino al ritorno nel caldo del mezzodì, i battibecchi dei falconieri e le loro pungenti facezie durante il riposo, non ci danno soltanto un quadro sorprendente del costume dell'epoca, come scrisse William Roscoe nella sua classica *Vita* di Lorenzo, ma anche un esempio della *joie de vivre* dell'autore. Questi poemetti Lorenzo dové comporli nel corso della villeggiatura, col linguaggio dei bifolchi che ancora gli risonava agli orecchi, per divertire gli amici durante le veglie invernali.

Mentre Cafaggiolo, il Trebbio e Careggi rientrano tutte e tre nel tipo della roccaforte turrita, Poggio a Caiano è la prima villa medicea di puro disegno rinascimentale; così, il suo rapporto con le ville di data anteriore è uguale a quello della Cappella dei Pazzi con gli edifici ecclesiastici che la precedono. Sia l'esterno che l'interno denotano una maggiore consapevolezza architettonica a paragone delle ville più vecchie benché, come la maggioranza di esse, fosse costruita sul luogo in cui sorgeva un'antica casa; questa era stata dei Cancellieri di Pistoia, poi di Palla Strozzi, e infine di Giovanni Rucellai il quale la vendé a Lorenzo nel 1479.

Racconta il Vasari che Lorenzo « ...n'aveva fatto fare più modelli... esso Lorenzo fece fare di quello che aveva in animo di fare un modello a Giuliano, il quale lo fece tanto diverso e vario dalla forma degli altri e tanto secondo il capriccio di Lorenzo, che egli cominciò subitamente a farlo mettere in opera come migliore di tutti ed accresciutogli grado per questo, gli dette poi sempre provvisione ». Si dice che il Sangallo avesse completato la costruzione nel 1485, ma la scalinata a ferro di cavallo che conduce alla loggia della facciata e il fregio robbiano in stile pseudoclassico che la sormonta sono aggiunte posteriori.

Invece del tradizionale cortile aperto il Sangallo costruì un ampio salone alto due piani, sormontato da una grandiosa volta a botte di stucco dorato. Questo è l'unico ambiente della villa che non abbia subìto alterazioni. Gli affreschi allegorici delle pareti furono ordinati da Papa Leone X, figlio di Lorenzo, e Paolo Giovio ne scelse i soggetti in modo che facessero riscontro a dati episodi della storia dei Medici. Così, *Il ritorno di Cosimo il Vecchio dall'esilio* s'ispira al *Ritorno di Cicerone a Roma*, cominciato dal Franciabigio nel 1521 e finito molto più tardi dall'Allori; mentre *Cesare che riceve il tributo dall'Egitto*, di Andrea del Sarto, anche questo completato dall'Allori, si riferisce a un'ambasceria che il Sultano inviò a Lorenzo nel 1487, e include la popolare giraffa condotta da due turchi; racconta un cronista che l'animale suscitava tanta curiosità dappertutto, persino tra le monache, che fu mandato in giro da un convento all'altro perché i religiosi potessero esaminarlo. « Mangiava ogni cosa, cacciando il muso nei panieri dei contadini, e toglieva una mela dalla mano d'un fanciullo, tant'era mansueta. Morì il 2 gennaio 1489, e tutti la piansero perché era una bestia così bella ». Dal lato estetico questi affreschi sovraffollati impallidiscono accanto all'idilliaca lunetta del Pontormo che rappresenta *Vertumno e Pomona* (1520). « Per disegno, colore e fantasia, è la pittura murale più fresca, più gaia e più appropriata che oggi rimanga in Italia », scrisse Berenson nel 1896. Peccato che si trovi a un'altezza eccessiva: l'intera composizione ha la vivacità dei poemetti bucolici di Lorenzo. Fra le descrizioni particolareggiate che ne son state fatte, la più accurata è quella di Mary McCarthy in *The Stones of Florence*.

Quasi tutte le stanze di Poggio a Caiano furono ridecorate e ammobiliate con deplorevole mancanza di gusto nell'Ottocento, ma esiste ancora la camera da letto di Bianca Cappello con la scala e il camino rinascimentali.

La frequente permanenza di Bianca in questa villa ha dato origine a un certo numero di fosche leggende, e l'affetto sviscerato del Granduca Francesco per l'avventuriera veneziana (si presumeva che suo marito fosse stato ucciso con la complicità di lui) ha fornito agli scrittori romantici ampio materiale, culminante nella morte della donna a breve distanza da quella del Granduca. Secondo la versione leggendaria, il Granduca e Bianca mangiarono una torta farcita di veleno, destinata al Cardinale Ferdinando, fratello ed erede del Granduca, che non poteva soffrire Bianca. Altri hanno accusato il Cardinale del delitto. In effetti, come ha dimostrato il Pieraccini, gli amanti morirono di febbre malarica, allora chiamata terzana doppia. Bianca, prostrata dallo stesso morbo, non fu in grado di assistere Francesco, colto da malore dopo la caccia, e quando questi morì, a quarantasei anni, il 20 ottobre del 1587, non gli sopravvisse a lungo.

Sir John Reresby, che visitò Poggio a Caiano nell'aprile del 1657, ne rimase meno impressionato d'altri viaggiatori. « La casa non è tanto considerevole di per se stessa », scrisse, « quanto per la sua posizione, giacché sorge in mezzo a molte colline su un lato, ricoperte di viti e d'olivi, e ad una valle divisa in parecchie strade da filari d'alberi che si diramano in varie direzioni: una di esse conduce a un parco dove il Granduca [Ferdinando II] si fece fare una cavallerizza sotto la guida di un italiano, il signor Bernardo Gascoigne, che avendo servito in guerra il nostro defunto sovrano, aveva portato il disegno dall'Inghilterra.

« Ivi, intento ai suoi svaghi mattutini, trovammo il Duca che, dopo esser rincasato per il pranzo, con la civiltà che suol usare verso i forestieri, mandò alla nostra locanda due piatti di pesce (essendo venerdì) e dodici bottiglie di vino eccellente.

« Vicino a questa casa c'è un altro parco, il più grande d'Italia, o per dir meglio una riserva di caccia, che si dice abbia una circonferenza di trenta miglia ».*

Probabilmente Sir John Reresby non entrò nell'edificio, dov'era contenuta tutta una serie di arazzi che rappresentavano scene di caccia, disegnati dallo Stradano, insieme ad altri dell'Allori aventi a soggetto il tiro all'anatra selvatica e tauromachie: oggi sono dispersi fra Palazzo Vecchio e vari musei. La villa si usava spesso per ricevimenti ufficiali e per le cerimonie precedenti l'ingresso a Firenze di personaggi importanti, specialmente delle future spose, quali Eleonora da Toledo, Giovanna d'Austria, Cristina di Lorena, e infine di Margherita Luisa d'Orléans, che vi trovò riparo quando fuggì l'odiato marito Cosimo III, prima di ritornare definitivamente in Francia. Mentre stava a Poggio a Caiano, Margherita Luisa galoppava in campagna per sei o sette ore di fila e scandalizzava il vicinato col suo contegno indecente, come quando faceva il solletico al cuoco francese e lo rincorreva con strilli forsennati da un capo all'altro delle regali stanze.

* Sir John Reresby: *Memoirs and Travels,* London, 1904.

58

Quasi che l'enorme possedimento di Poggio a Caiano non fosse sufficiente alle sue spedizioni venatorie, Francesco I incaricò il Buontalenti d'ingrandire l'antica villa La Magia di Quarrata, vicino a Pistoia, ch'era stata costruita da Vinciguerra Panciatichi nel 1318. Qundo questa famiglia fu sconfitta dai Cancellieri, allora proprietari di Poggio a Caiano, fortificò la casa per renderla adatta a difendersi, e nel 1536 offrì una caccia di gala all'Imperatore Carlo V e al Duca Alessandro de' Medici; un'iscrizione sulla facciata di levante commemora l'evento. Nel 1581 i dissesti finanziari costrinsero Niccolò Panciatichi a vendere tutti i suoi beni e nel 1583 la villa fu acquistata dal Granduca Francesco, che la fece rimodellare dal Buontalenti in stile tardorinascimentale.

Per fortuna è in ottimo stato di conservazione, nella sua mole cubica irregolare con torri rudimentali agli angoli. Le finestre oblunghe, discretamente articolate nelle cornici di pietra, sono caratteristiche dell'arte del Buontalenti, benché il suo capolavoro, Artimino, sia parecchio posteriore (1594). L'armonioso cortile con la fontana nel centro è adorno di pannelli geometrici in bassorilievo e di forme variate, secondo uno schema di decorazione murale che non ha niente da invidiare a quello di Villa Le Maschere nel Mugello, ed è tipico del periodo di transizione dall'Alto Rinascimento al Barocco. La doppia scala che conduce al giardino non figura nell'incisione dello Zocchi.

Nel 1645 la villa con le terre annesse fu venduta dal Granduca Ferdinando II a Pandolfo Attavanti, e da questa famiglia, nel 1752, passò ai Ricasoli che a loro volta la venderono nel 1766 a Giulio Amati di Pistoia; da allora in poi non ha più subìto altre vicissitudini, ché vi abitano ancor oggi i Conti Amati Cellesi.

Il Buontalenti disegnò inoltre la drammatica scalinata antistante al blocco severo di Villa Cerreto Guidi, quattro rampe a zigzag tempestate di misteriose porte e finestre simili agli oblò di una nave, molto più alta e più solida dell'odierna costruzione a due piani che sorge sull'omonimo paese in collina vicino a Empoli, con le sue poche finestre e i numerosi comignoli, e con la sua strabiliante veduta della Valdinievole. Fu questa in antico la dimora dei Conti Guidi, entrata quindi in possesso del Duca di Bracciano, il mostro che nel 1576 vi trucidò la bellissima moglie Isabella de' Medici.

La villa Corsini a Mezzomonte — così chiamata perché si trova a metà della salita di Monte Oriolo — risale ai primi del Quattrocento e appartenne per quattordici anni a quella testa matta che fu il Cardinale Giovan Carlo de' Medici. Questi l'aveva comprata nel 1630, e nel 1644, prima di venir elevato alla porpora cardinalizia a trentacinque anni, la rivendé al Marchese Andrea, figlio del senatore Neri Corsini. Il Cardinale l'abbellì per sollazzarvi lo stuolo dei suoi amici e satelliti; fece affrescare l'interno e colmò il giardino di fiori rari; e durante la sua permanenza la villa dovette essere un vero splendore. La vita del Cardinale fu una carnevalata dal principio alla fine, ma oggi l'imponente edificio ha la faccia della quaresima.

I rapporti di Bernardo Buontalenti con il Granduca Francesco I e con suo fratello Ferdinando I furono analoghi a quelli tra Michelozzo e Cosimo il Vecchio, e la semplicità raffinata delle sue costruzioni ricorda Michelozzo piuttosto dei suoi manierati predecessori e contemporanei. Pittore, scultore, architetto civile e militare, ingegnere, scenografo e macchinista teatrale, il Buontalenti fu una figura d'immensa versatilità e l'epitome dello spirito del secolo. Fu inoltre un ragazzo prodigio, perché aveva appena quindici anni quando gli si affidarono le mansioni di tutore e compagno del Principe ereditario Francesco, ed è probabile che incoraggiasse l'attitudine del pupillo per le scienze naturali, che a lungo andare degenerò in ossessione. Divenuto Granduca, Francesco dedicò maggior attenzione ai propri esperimenti chimici che agli affari di Stato, e in quegli esperimenti si mescolavano le fantastiche nozioni pseudoscientifiche dell'epoca.

Nato a Firenze nel 1531 (benché spesso la data di nascita sia spostata al 1536), il Buontalenti perse i genitori nel crollo della loro casa durante un'alluvione dell'Arno. Il bambino fu estratto incolume da una grotta formatasi miracolosamente sotto le macerie. Può darsi che l'episodio abbia influenzato i suoi successivi disegni di grotte, la più bella delle quali, a Boboli, è l'unica superstite d'indiscussa autenticità.* Dopo lo scampato pericolo il Buontalenti fu allevato a spese di Cosimo I, e presto si dimostrò, come dice il Vasari, « di bello ingegno, e universalmente copioso di buoni capricci », che comprendevano la costruzione di macchine per sollevare i pesi, un sistema che permetteva di fondere e purificare il cristallo di rocca, e geniali creazioni di gioielli e d'automi, parecchi dei quali furono descritti entusiasticamente dal Baldinucci.** Pare che avesse scoperto i segreti delle porcellane orientali, e il suo vaso di lapislazzuli nel Museo degli Argenti a Pitti è uno stupendo esempio delle sue doti d'artefice. Per buona sorte dei posteri si sono salvati i suoi numerosi e complessi disegni di scene e costumi, nonché alcune descrizioni degli spettacoli per i quali il Buontalenti li disegnò. La sua fantasia inesauribile trovò uno sbocco in quelle invenzioni mirabili, ma, a differenza degli edifici, erano effimere.

Per una tragica ironia Pratolino, la villa in cui l'artista espresse più felicemente il suo ingegno multiforme, fu distrutta nel 1822 dall'ingegnere Frichs su ordine del Granduca Ferdinando III d'Austria che ne considerava troppo dispendiosa la manutenzione, e voleva invece un giardino « paesaggistico » e un parco per la caccia. E tuttavia, un tempo, Pratolino ebbe fama internazionale.***

Nel 1568 Francesco I acquistò questa vasta proprietà, situata circa dieci chilometri a nord di Firenze, sulla vecchia strada di Bologna, al culmine della sua infatuazione per Bianca Cappello. Ci vollero quindici

* V. Detlef Heikamp: *La Grotta Grande del Giardino di Boboli* in « Antichità Viva » IV, N. 4, 1965.

** V. F. Baldinucci: *Notizie dei Professori del Disegno,* 1688, ed. Firenze, 1846, II.

*** V. l'importante volume di Luciano Berti: *Il Principe dello Studiolo,* Firenze 1967, ed anche l'eccellente articolo di Detlef Heikamp: *Pratolino nei suoi giorni splendidi* in « Antichità Viva », Firenze, Anno VIII, N. 2, 1969.

anni per completare i lavori, ma il Granduca continuò ininterrottamente ad arricchire il giardino di nuove meraviglie.

« Il Granduca ha adoperato tutti i suoi cinque sensi per abbellire questa villa », scrisse Montaigne, che l'ammirava assai più di quanto non ammirasse la corpulenta Bianca. Se vogliamo formarci un'idea di Pratolino com'era all'acme dello splendore, dobbiamo basarci sulle descrizioni di Francesco Vieri, di Bernardo Sgrilli e dei viaggiatori dei tempi andati, oltreché sulla veduta a volo d'uccello di Utens, che si trova nel Museo Topografico, e infine sulle incisioni di Stefano della Bella. La descrizione più minuziosa in lingua inglese è nel *Diario* di John Evelyn (1645): « La casa è un quadrato composto di quattro padiglioni, contornato da una leggiadra piattaforma con balaustrata di pietra, ed è sita in un ampio prato che sale a guisa d'anfiteatro, avente in fondo un'immensa rupe donde l'acqua scorre in uno stretto canale, simile a cascata; sul lato opposto sono i giardini. Il luogo intero sembra consacrato ai piaceri ed al ritiro estivo. L'interno del palazzo non teme confronti con nessun altro d'Italia quanto a sontuosità delle tappezzerie, dei letti, eccetera, e i giardini sono deliziosi e colmi di fontane. Nel bosco Pan è intento a pascere il gregge, mentre l'acqua manda suoni melodiosi dalla siringa del dio; e c'è un Ercole, la cui clava produce un getto d'acqua che, cadendo in una grande conchiglia, incontra una donna ignuda a cavalcioni sopra una coppia di delfini. Vulcano e la sua famiglia stanno in un'altra grotta dai muri riccamente formati di coralli, conchiglie, rame e figure di marmo, oltre a una caccia di parecchie fiere, moventisi per la forza dell'acqua. Qui, dopo aver scontato

Pratolino: acquaforte di Stefano della Bella

61

la nostra curiosità con una copiosa bagnata, scendemmo per uno spazioso passaggio, d'ambo i lati' del quale molti sottili zampilli schizzano fuori da tubi nascosti nel suolo, e ricadono l'uno nel canale dell'altro creando un'arcata superba e così alta, che un uomo a cavallo può passarvi di sotto senza pigliarsi addosso neppure una goccia. Codesto baldacchino, o arco d'acqua, lo giudicai una magnificenza tra le più sorprendenti ch'io avessi mai visto, e assai rinfrescante nella calura d'estate. Alla fine di quel viale lunghissimo si vede una donna di marmo bianco, in posa di lavandaia che spreme l'acqua da un panno, eseguito con somma naturalezza, dentro un ampio bacile; l'invenzione e la fattura si debbono a M. Angelo Buonarotti [in realtà a Valerio Cioli]. Da qui, ascendemmo il Monte Parnaso, dove le Muse sonarono per noi su organi idraulici. Là accanto c'è una grande uccelliera. Tutte queste acque piovono giù dalla rupe del giardino, su cui poggia la statua d'un gigante seduto che simboleggia gli Appennini, e ai suoi piedi si trova la villa. E finalmente giungemmo al labirinto, nel quale un colosso che raffigura Giove lancia un gettito d'acqua sopra il giardino: esso è alto cinquanta piedi, ha nel corpo una cavità quadrata, e gli occhi e la bocca fungono da finestre e da porta ».

Nel centro d'una grotta ottagonale c'era una bella tavola di marmo, che spesso si adoprava per i pranzi privati del Granduca e di Bianca Cappello, con non più di sei ospiti. John Keysler della Royal Society, che visitò la villa nel 1760, notò sul soffitto della sala grande la seguente iscrizione: « Questa casa fu ornata con fontane, canali, portici e passeggi da Francesco de' Medici, secondo Granduca di Toscana, e consacrata alle feste e al ristoro della mente, per uso di lui e dei suoi amici, nell'anno 1575 ». Keysler osserva poi che, « sebbene siano passati quasi centocinquant'anni dal trapasso del Granduca Francesco, ogni cosa è mantenuta nel medesimo ordine in cui egli la lasciò, giacché si considera l'edificio un tal capolavoro, che non si bada a spese per conservarlo in buono stato. Se i giuochi d'acqua non eguagliano quelli di Versailles, posseggono nondimeno una loro bellezza, e d'estate sono tanto più graditi a causa del clima eccessivamente afoso ».

Durante il Seicento, quando vi soggiornava di frequente il figlio maggiore di Cosimo III, Principe Ferdinando, illuminato protettore delle arti, Pratolino divenne un vivaio di attività musicali. Nel 1697 l'architetto Antonio Ferri gli costruì un teatro, e Giovanni Maria Galli, detto Bibiena, ne eseguì gli scenari. Il Principe aveva una bella voce, conosceva il contrappunto ed era un suonatore provetto di vari strumenti. Invitò a Pratolino Jacopo Peri, Alessandro e Domenico Scarlatti, Bernardo Pasquini e nientemeno che Händel, e il suo teatro era ritenuto uno dei migliori d'Europa. Scrisse anche dei libretti d'opera, e la sua corrispondenza con Alessandro Scarlatti dimostra che valeva molto più d'un semplice dilettante.

Esasperato dal fanatico bigottismo imposto dal troppo longevo suo padre, e sposo d'una brutta Principessa di Baviera il cui affetto non riusciva a ricambiare, Ferdinando cercò rifugio nella musica e nel collezionismo. Preferiva la pittura veneta del tempo a quella fiorentina, che gli pareva troppo pavida e conservatrice, nonostante si adoprasse del suo meglio per stimolarla con una pubblica mostra di 250 quadri nel chiostro della Santissima Annunziata, che si tenne nel 1705 e il cui catalogo — una gran novità per l'Italia — è pervenuto sino a noi. La raccolta privata del Principe, che comprendeva circa trecento dipinti, fu distribuita fra i suoi appartamenti a Pitti, a Pratolino e a Poggio a Caiano, dove nel 1707 egli assegnò a Sebastiano Ricci l'incarico di decorargli una stanza, di cui nulla rimane, e un'altra a Pitti che si è salvata.

La predilezione del Principe per Giuseppe Maria Crespi, che trascorse parecchi mesi a Pratolino con la famiglia e fu nominato suo « pittore attuale », è un'altra prova della sua originalità, poiché le briose scene di genere del Crespi, benché di tono più scuro, sono più affini a Chardin che ai pittori italiani dell'epoca. Una delle opere migliori di questo artista, *La Fiera di Poggio a Caiano,* oggi agli Uffizi, fu eseguita per il Principe, che volle dargli un pegno d'amicizia facendo da padrino a uno dei suoi figli, debitamente battezzato Ferdinando. Alla morte del Principe, avvenuta nel 1713, il teatro fu chiuso, ma l'incisione dello Zocchi dimostra che il giardino era ancora mantenuto in piena efficienza. Il Principe Paolo Demidoff comprò la proprietà nel 1872, molto tempo dopo che la villa e il giardino erano andati distrutti. Alcune statue furono trasferite a Boboli, altre finirono rotte o rubate. La villa odierna serba un vago fascino di « epoca », ma non ha nulla d'italiano e appare indegna dell'antenata; il colossale *Appennino* del Giambologna è una delle rare reliquie del giardino originale. Il proprietario più recente, il Principe Paolo di Iugoslavia, sarebbe stato propenso a restaurare Pratolino, ma il costo proibitivo dei lavori lo dissuase dall'attuare il progetto.

Sia la villa di Castello che la Petraia, oltre Careggi, persero gran parte del loro prestigio dopo che furono rimaneggiate nel secolo scorso sotto Casa Savoia. Nel 1477 erano state acquistate da Lorenzo e Giovanni di Pierfrancesco de' Medici, nipoti di Cosimo il Vecchio, il primo dei quali è stato confuso con Lorenzo il Magnifico da certi storici d'arte. Fu per Lorenzo di Pierfrancesco che il Botticelli dipinse la *Primavera* e la *Nascita di Venere.* Questi celebri capolavori adornarono la villa di Castello fino al 1815, allorché si trasferirono agli Uffizi (dove secondo Herbert Horne, il più erudito biografo dell'artista, giacquero a lungo nell'oblio più assoluto). Per questo Lorenzo il Botticelli eseguì inoltre le sue meravigliose illustrazioni della *Divina Commedia,* e le ricerche hanno appurato che era incluso nella collezione di Castello anche *Pallade e il Centauro,* riscoperto da William Spence.

Quando, nel 1494, Piero de' Medici fuggì da Firenze, i suoi possedimenti furono confiscati e venduti per ordine della Signoria, ma ai cugini fu permesso di conservare i loro beni perché avevano astutamente aderito alla fazione popolare. Morto nel 1503 Lorenzo di Pierfrancesco, la villa di Castello venne assegnata al suo bellicoso nipote Giovanni dalle Bande Nere, e morto lui pure, fu incendiata e scampò a stento alla distruzione totale durante l'assedio di Firenze. Cosimo, il primo Granduca della famiglia, vi trascorse parte della fanciullezza quando non soggiornava al Trebbio per la caccia.

Davanti all'austera facciata con le sue tipiche finestre toscane su mensole e il portone listato a bugne, che un prato semicircolare separa dalla strada, nessuno si aspetterebbe di scoprire il famoso giardino sul retro. Nel 1538 il Granduca Cosimo I, la cui coraggiosa madre Maria Salviati morì in questa villa, commissionò al Tribolo il disegno del giardino, e dopo la morte del Tribolo, nel 1550, il Buontalenti proseguì non meno egregiamente il lavoro, al quale collaborarono con varie statue sia il Giambologna che l'Ammannati. Vuole la tradizione che lo storico Benedetto Varchi avesse concepito il progetto originale, ch'era troppo grandioso perché si potesse realizzarlo: un viale alberato, per esempio, avrebbe dovuto arrivare alla villa partendo dall'Arno.

Cosimo aveva appena diciassette anni quando volò a Firenze dal Trebbio per rivendicare il proprio diritto al ducato dopo l'uccisione del Duca Alessandro. Cosimo è una delle figure di maggior spicco fra i Medici per il fiuto politico e per l'energia di cui diede prova, sebbene il suo carattere fosse tutt'altro che simpatico. Gli storici vittoriani, per lo più di sesso femminile, si compiacquero di ritrarre i Medici come tanti mostri, ma le sinistre dicerie sul conto di Cosimo avevano scarso fondamento nella realtà. Gaetano Pieraccini ha viceversa appurato che fu un governante eccellente secondo i criteri del suo tempo, e un padre e un marito coscienzioso; emanò sagge leggi e ristabilì la pace in Toscana, soprattutto a Firenze, dopo anni di caos e di tirannide peggiore della sua. Era precocemente invecchiato quando sposò in seconde nozze la giovane Cammilla Martelli e nominò reggente il figlio Francesco. Questo matrimonio suscitò lo sdegno degli orgogliosi figli di Cosimo, che trattarono la matrigna come una concubina di bassa estrazione; Cammilla seppe invece alleviare gli ultimi anni del marito quand'egli si ritirò a Castello, dove morì nel 1574 a cinquantacinque anni.

Il Vasari e Montaigne portarono alle stelle il giardino, che ha sofferto di deplorevoli arbitri, come la rimozione d'una statua del Giambologna (Venere che si spreme l'acqua dai capelli) e dei bronzi in forma d'animali e d'uccelli, alcuni dei quali sono finiti al Bargello. Ma il parterre degradante sullo sfondo del cupo lecceto, da cui si staglia in così vivido contrasto, conserva ancora la superba fontana con Ercole che stritola Anteo, cominciata dal Tribolo e compiuta dall'Ammannati sul

64

modello di lui, mentre gli squisiti putti di bronzo intorno alla vasca sono stati attribuiti a Pierino da Vinci. Sono scomparsi i viali descritti da Montaigne, dove gli alberi s'inarcavano a intessere una volta di rami, ma resta il muro di sostegno fiancheggiato da limonaie, e la grotta a sorpresa nel centro, con tre vasche di marmo e gruppi di animali in bronzo e in pietra, probabilmente del Fancelli, ivi compresi un unicorno, un cammello, una scimmia, un cervo dalle corna vere e un cinghiale dalle zanne vere, sotto al soffitto di maschere e arabeschi formati da conchiglie colorate, rimane una delle più belle del genere, e i suoi getti d'acqua sotto il selciato a mosaico sono sempre in piena efficienza. Già verso la metà del Quattrocento Leon Battista Alberti presagiva il futuro sviluppo dei giardini toscani, e ne *L'Architettura* espose i suoi concetti e suggerimenti al riguardo, ispirati in prevalenza a modelli del passato. « Nelle grotte, nelle spelonche usavano gli antichi di farvi una corteccia di cose aspre et ronchiose commettendovi pezzuoli piccoli di pomici o di spugne, di travertini, la quale spugna è chiamata da Ovidio viva pomice, et ho veduto che vi hanno messo cera verde per fingere quella lanugine di una spelonca piena di muschio. Piacquemi grandemente quel ch'io veddi già ad una simile spelonca donde cadeva una fontana d'acqua, con ciò sia che e' v'era una scorza fatta di varie sorte di nicchi e di ostrighe marine altre arrovescio et altre bocconi fattone uno scompartimento secondo la varietà de' loro colori, con artifitio molto dilettevole... Le logge su l'orto nelle quali tu possa stare et al sole et all'ombra... Siaci un pratello allegrissimo, caschino fuori di speranza le acque. Sieno i viali terminati da frutti che tenghin sempre le fronde verdi, et da quella parte che son difesi da venti accerchiali di bossoli; né qui manchino arcipressi vestiti di ellera, faccinsi oltre a questo cerchi secondo que' disegni che delle piante degli edifizi sono lodati, d'allori di cedri e di ginepri, intrecciati, avviluppati, et rimessi l'uno nell'altro. Fetone Agrigentino ebbe nella sua casa privata trecento vasi di pietra... simili vasi per le fontane ne' giardini sono adornamento grandissimo. Gli antichi usavano di coprire i viali con pergole di viti che si reggevano sopra colonne di marmo, la grossezza delle quali era per la decima parte della sua lunghezza con ordine corintio. Gli alberi si hanno a porre per ordini diritti ugualmente discosto l'uno all'altro come si dice rinterzati a filo. Gratissima cosa era quella certo che usavano i giardinieri antichi, adulando a' lor padroni, con descrivere i nomi loro con lettere di bossolo e di altre erbe odorate sopra il terreno... per far siepe son buoni i rosai incatenati con melagrani e con cornioli. Ma il poeta disse:

> *Cornioli pianterai susini e vepri*
> *Et le quercie et i lecci alti e fecondi*
> *Saran pascolo al gregge al signor ombra.*

Ma simili cose saranno forse più convenienti alle possessioni da cavarne frutto che a' giardini. Non biasimo anche che ne' giardini sieno statue che incitino a ridere, purché non abbiano punto del disonesto... Vorrei che le case della possessione de' nobili non fossino poste nella più grassa parte della campagna ma bene nella più degna, donde si possa pigliare ogni comodità; sien vedute e vegghino le città le terre il mare, et una distesa pianura et le conosciute cime delle colline et de' monti. Habbia posto quasi soto gli occhi delicatezze de' giardini... ».

Abbiamo qui in embrione il giardino toscano, derivato parzialmente da imitazioni classiche. Molti dettagli del genere erano apparsi nelle silografie che illustrano l'*Hypnerotomachia Poliphili,* pubblicato per la prima volta da Aldo Manuzio nel 1499. Questo strano romanzo allegorico, attribuito a Fra Francesco Colonna di Treviso, era un'idealizzazione dell'antichità, dalla quale giardinieri e scultori, pittori e incisori italiani solevano attingere a piene mani come da un campionario.

Fra i grandi giardini all'italiana che instaurarono la moda per altri, anche in Francia, Castello fu uno dei primi. In esso le caratteristiche principali furono riassunte, totalmente subordinate all'architettura. Predominano le forme rettangolari: le aiuole conducono grado a grado fino al lungo schermo del muro di sostegno, col bosco di lecci che lo sovrasta. Il terreno fu trasformato in terrazze, scale e viali; si costrinsero le piante a formare archi, colonne, labirinti; e, analogamente, bisognò costringere l'acqua ad affluire. La gaia fontana come opera d'arte fu rifinita e valorizzata a Firenze. È vero ch'era già stata in auge nell'antica Grecia e a Roma, ma durante il Medioevo l'aveva, per così dire, inghiottita il sottosuolo.

Nella sua introduzione alla Terza Giornata del *Decamerone,* il Boccaccio descrive « una fonte di marmo bianchissimo e con maravigliosi intagli. Iv'entro non so se da natural vena o da artificiosa per una figura, la quale sopra una colonna, che nel mezzo di quella diritta era, gittava tanta acqua e sì alta verso il cielo, che poi non senza dilettevol suono nella fonte chiarissima ricadeva, che di meno havria macinato un mulino, la qual poi (quella dico, che soprabbondava al pieno della fonte) per occulta via del pratello usciva, e per canaletti assai belli e artificiosamente fati, fuori di quello divenuta palese, tutto l'ontorniava, e quindi per canaletti simili quasi per ogni parte del giardino discorrea ».

Non c'è dubbio che il Boccaccio avesse visto qualcosa di simile, ma lasciato le briglie sul collo alla fantasia, poiché nelle miniature dipinte dell'epoca (1348) le fontane sono molto più rudimentali. Quasi un secolo dopo Donatello e i suoi discepoli perfezionarono la fontana in cui alla scultura toccava una parte di primo piano: una serie di bacini circolari sovrapposti, il più piccolo, in cima, sormontato dalla figura da cui l'acqua saliva e ricadeva, scaturiva o stillava. Il putto del Verrocchio col delfino che emette lo spruzzo, spostato dalla villa di Careggi al cortile

Un giardino dalla Hypnerotomachia Poliphili, *1499*

di Palazzo Vecchio, è un capolavoro prodigioso del genere e risale al 1476. Verso la fine del Quattrocento le fontane divennero più complicate; gli spazi intercorrenti tra i dislivelli dell'acqua furono accentuati da corpi umani, da animali folleggianti, da maschere grottesche, mentre la disposizione dei getti creava un'armonia sinfonica.

Gli scultori barocchi si sarebbero spinti ulteriormente in questo campo popolando i giardini d'una sfrenata mitologia di tritoni e divinità fluviali nell'atto di soffiare, schizzare, sgocciolare; il Bernini ne avrebbe moltiplicati gli effetti istrionici ma, come al solito, i fiorentini furono i grandi precursori. Quando l'*Oceano* del Giambologna fu eretto al centro dell'isola ovale progettata come un giardino di limoni, con due ponti d'accesso e una balaustrata all'intorno — il magico *Isolotto* di Boboli — il Bernini era ancora bambino.

Nel 1575 il Cardinale Ferdinando comprò la villa della Petraia, vicino a Castello; fu restaurata dal Buontalenti e affrescata dal Volterrano e da altri con scene del regno di Cosimo I, ma gli affreschi subirono danni notevoli, e in seguito furono riparati (tutt'altro che bene) quando Vittorio Emanuele II volle ripristinare la villa, dove dimorò di frequente con la Contessa di Mirafiori, sua moglie morganatica. Sgargianti orologi, statuine e vasi giapponesi testimoniano della crassa degenerazione del gusto. Nel giardino, fra i rami del cosiddetto Leccio del Re, dal tronco di una circonferenza eccezionale, una scala a chiocciola saliva fino a una piattaforma di legno dove la Contessa soleva trattenersi ad ammirare la vista. Ma anche la vista è cambiata, ché Rifredi è oggi un tetro sobborgo industriale. Comunque, la villa, una semplice costruzione intorno a una corte quadrangolare, con una torre graziosa d'epoca anteriore, e con la sua terrazza adorna di grandi palme, era oggetto di viva ammirazione da parte di Horace Walpole. Sir Horace Mann vi accennava sovente nelle lettere che gli scriveva, chiamandola « la vostra prediletta Petraia ». Il Principe de Craon, reggente sotto la dinastia di Lorena, e la sua amabile moglie la preferivano alle altre ville che avevano a disposizione, e dovettero provvedere ad ammobiliarla perché la trovarono completamente vuota. Il Principe era spesso affetto da prurito, dice Mann, e spesso si rifugiava laggiù per grattarsi. Nel febbraio del 1750 Mann scriveva: « Tranne che a Poggio Imperiale e a Castello non esistono mobili che valga la pena di comprare. Quasi tutte le altre ville son state cedute in prestito: il Conte Richecourt [l'amante di Lady Orford] ne ha due, Careggi e l'Imperialino; il Generale Stampa ne ha una, fra qui e Livorno [forse l'Ambrogiana]; il Principe Craon ne ha due, Artimino e la Petraia, ove dovette portare persino le sedie, mentre la Principessa dovette portarvi il suo *berceau* ». E molti anni dopo, nel luglio del 1767: « Stenterete a credere che la vostra vecchia amica, Principessa Craon, alla rispettabile età di ottantaquattro anni [in realtà ne aveva ottantuno], arrivò qui, or non è molto, per dare appena un'occhiata alla Petraia, e poi se ne ritornò a Nancy senza prender commiato da nessuno... Ella contava su un'accoglienza più calorosa e su maggiori comodità di quante ne trovò alla villa che, credo, fosse priva del minimo necessario, e tutto il suo equipaggio, compreso il vasellame e ogni altra cosa, viaggiava per mare alla volta di Livorno ».

Nel 1861 Elizabeth Sewell scrisse: « Giorni orsono andammo alla Petraia, una villa che appartenne al Granduca e che adesso appartiene al Re. È un sogno di bellezza; terrazze contornate da graticci e un profluvio di rose, magnolie e azalee; una veduta di Firenze, coi monti di Carrara in lontananza; e dietro alla villa, un colle ammantato d'alberi, che domina una veduta in altra direzione, alla cui base c'è uno di quei solenni, ampii viali di cipressi che formano il contrasto occorrente a porre in risalto la gloria d'un cielo italiano ».

Oggi la gloria principale del giardino è la fontana del Giambologna, (in un primo tempo a Castello), sormontata da una squisita figura di Venere che si strizza i capelli, ed eseguita tradizionalmente sulla base d'un disegno del Tribolo.

Quasi tutti i patriarchi della famiglia Medici si fecero costruire — nella maggior parte dei casi ricostruire — una o più ville che rispecchiavano le loro preferenze personali, e a Firenze non c'era carestia d'architetti di eccezionale bravura. Sembra che la gravità e il riserbo di Cosimo il Vecchio sian stati espressi a perfezione da Michelozzo nei suoi edifici; e la soave eleganza e il senso dello sfarzo, tipici di Lorenzo il Magnifico, furono espressi altrettanto felicemente da Giuliano da Sangallo. I Granduchi del ramo cadetto non ebbero minor fortuna nello scoprire degli architetti capaci d'interpretare la loro progressiva grandezza ed espansione senza cadere in esagerazioni enfatiche: dal Vasari con i suoi allievi fino ad Antonio Maria Ferri (morto nel 1716), operò una progenie feconda di talenti.

Durante il regno di Ferdinando I, il migliore di tutti i Granduchi, la Toscana godé un periodo di pace e di prosperità che diede i suoi frutti nell'architettura oltreché nell'agricoltura. Perfino il Galluzzi, prevenuto com'era, dovette riconoscere che « siccome dalla perfezione delle arti derivava il lusso, così dalla agricoltura perfezionata ed estesa nel G. Ducato ne derivò il gusto della delizia, il lusso dei giardini, e la vanità di attirare a Firenze le più rare e deliziose piante dell'Asia e dell'America. I giardini eretti da Ferdinando servirono di modello, e risvegliarono l'emulazione nei privati; i più magnifici e deliziosi giardini dei privati in Firenze devono a questo spirito il loro principio ». E davvero i predecessori di Ferdinando, come abbiamo visto, avevan dimostrato un interesse ugualmente vivace per l'agricoltura, dandone per primi l'esempio pratico ai loro sudditi. Le due enormi ville di Ferdinando I, l'Ambrogiana e Artimino, furono costruite in funzione di casini da caccia; la prima aveva un giardino oggi scomparso, ma a giudicare dalla lunetta affrescata da Utens che si trova nel museo « Firenze com'era », il suo disegno doveva essere rigidamente rettangolare, dettato più dal senso dell'ordine che dalla fantasia, e la costruzione cubica con le sue quattro torrette massicce è più imponente che bella. Cosimo III la colmò di quadri aventi a soggetto fiori e animali rari, di Andrea Scacciati e Bartolomeo Bimbi da Settignano, ma il suo medico, il poeta Redi, si lagnò del vento « che soffia e soffierà in eterno » sul luogo, oggi trasformato in un lugubre manicomio.

La mancanza d'acqua era uno dei gravi inconvenienti di Artimino, e quindi si dovette rinunciare ai giardini. La villa solenne e maestosa, così attraente nella sua semplicità, domina un'estesa riserva di caccia, densamente boscosa e ricca di selvaggina, che comprendeva lupi, orsi e volpi. Il Baldinucci racconta che Ferdinando I rimase tanto affascinato dalla località, che ordinò al Buontalenti di edificarvi senza indugio « un palazzo sufficiente per me e per la mia Corte intera, » e che era già finito nel 1594, dopo un anno appena. Questo « casino da caccia » ha infatti tutte le carte in regola per fregiarsi del nome di palazzo, e fu battezzato Villa Ferdinanda. La prima impressione della facciata principale, che è rivolta a levante e protetta su ciascun lato da bastioni incorniciati di pietra serena, è nettamente di severità. Le scarse finestre sono elegantemente spazieggiate: le tre superiori, con gli stipiti di pietra sormontati dallo stemma mediceo scolpito in marmo bianco, al di sopra del portone centrale, costituiscono gli unici ornamenti del lungo edificio bianco, dalla cui sobrietà armoniosa si resta avvinti sempre più irresistibilmente, come da una fuga di Bach. Sembra che i comignoli siano molto più numerosi delle finestre. La facciata a ponente è più leggera e più gaia al confronto, grazie alla loggia centrale di quattro colonne delimitate da due pilastri e dall'architrave, ed allo scalone balaustrato che vi conduce (e che fu aggiunto nel 1930 secondo un abbozzo originale del Buontalenti conservato agli Uffizi), benché sui lati la fiancheggino due solide torri dalla sagoma appena inclinata, che s'innalzano fino al tetto. Delle cinquantasei stanze contenute in questo casino da caccia, due sale dalle alte finestre sostituiscono il tradizionale cortile. Quasi tutte erano contraddistinte da nomi curiosi, alcuni dei quali servivano a spiegarne le funzioni, come ad esempio la stanza della « Guardia del corpo », dei « Lancieri », degli « Archibusieri » e dei « Palafrenieri », e fors'anche quella del « Leone » e dell'« Orso », ma perché mai alcune si chiamavano delle « Vedove », e il salone d'ingresso delle « Guerre »? La mobilia originale è andata dispersa con la scomparsa dei Medici, e l'interno è scarsamente decorato, a prescindere dai motivi ornamentali in pietra e dagli affreschi della loggia, attribuiti al Passignano. Nel 1781 il Granduca Pietro Leopoldo vendette Artimino al Marchese Lorenzo Bartolommei, e dopo di allora vi si sono susseguiti parecchi proprietari, fra i quali la Contessa Maraini fu la fata benefica locale, che provvide fra l'altro a restaurare la villa e ad apportarvi varie migliorie, dopo che suo marito l'aveva acquistata nel 1911. Oggi però Artimino è vuoto, mastodontica reliquia d'un passato grandioso; il vino del suo podere, così decantato dal Redi nel *Bacco in Toscana* (ingegnosamente tradotto in inglese da Leight Hunt), vale ancora ripetuti assaggi nella trattoria adiacente, che la domenica si riempie di chiassosi gitanti.

La villa di Poggio Imperiale, trasformata da tempo in un collegio femminile (oggi non più tanto in voga), doveva essere davvero imperiale a giudicare dall'incisione dello Zocchi. Cosimo I, che l'aveva confiscata ai ribelli Salviati, ne fece dono nel 1565 alla figlia Isabella quando andò sposa allo scellerato Giampaolo Orsini, Duca di Bracciano, che, come abbiamo detto, la strangolò non molto tempo dopo che a Cafaggiolo il fratello di lei aveva riservato il medesimo trattamento a sua moglie. Quasi fosse stato connivente nell'uccisione della sorella, il Granduca Francesco permise all'Orsini di tenersi Poggio Baroncelli (come si chiamava allora la villa dal nome del proprietario originale, prima dei Salviati). Nel 1616 fu venduta alla Granduchessa Maria Maddalena d'Austria, moglie di Cosimo II, e ribattezzata Poggio Imperiale in suo onore. A Giulio Parigi fu assegnato l'incarico d'ingrandirla come si vede nella stampa del figlio Alfonso, ed ebbe inizio il periodo del suo splendore. « Si sale verso la casa », scrisse John Evelyn nel 1645, « percorrendo una maestosa galleria, chiamiamola pure così, di cipressi alti e fronzuti, ch'è lunga mezzo miglio. All'entrata di questi due filari, vi sono le statue del Tevere e dell'Arno, in marmo; e anche quelle di Virgilio, d'Ovidio, del Petrarca e di Dante. L'edificio è sontuoso, e curiosamente arredato nell'interno con gabinetti ove tavoli, pavimenti eccetera sono di 'pietra commessa', che è una magnificenza, ovverosia una lavorazione che gode particolar favore a Firenze. I quadri, Adamo ed Eva, di Albert Dürer, sono proprio eccellenti; e lo è pure quella scultura in legno della medesima mano che sta entro un armadio. Qui è dipinta l'intera discendenza austriaca, compresa la madre del Duca, sorella dell'Imperatore e fondatrice di questo palazzo, al quale nessun altro fra quanti ne ho visti in Italia è paragonabile per sfarzosità d'ornamenti o di suppellettili ».

Alla pompa della Corte medicea si era andati dedicando cure crescenti fin dal regno di Cosimo I, e fu quella la grande epopea dei più vistosi spettacoli teatrali, balletti, tornei stilizzati, frequenti mascherate e processioni per festeggiare sposalizi o solennizzare visite ufficiali. Le Granduchesse Cristina di Lorena e Maria Maddalena furono unitamente reggenti finché, nel 1628, si ritenne che il figlio di quest'ultima, Ferdinando II, fosse abbastanza adulto da governare. Siccome le reggenti erano entrambe religiosissime, si volle che i soggetti delle rappresentazioni teatrali fossero edificanti affinché, com'ebbe a dire il librettista Andrea Salvadori, le anime ricavassero molto maggior diletto e meraviglia da veraci e gloriose gesta cristiane che non dalle vacue favole dei pagani. Ciò malgrado, le scene di battaglia e le coreografie dei balletti erano press'a poco le stesse, come quando, nel gennaio del 1625, si rappresentò una complicata opera in cinque atti, *La Regina Sant'Orsola*, ove si narrava il martirio della santa e delle sue undicimila vergini, in onore del Principe Ladislao Sigismondo, venuto dalla Polonia in visita ufficiale. La messa in scena e le « macchine » di Giulio e Alfonso Parigi furono ugualmente fantastiche. Sempre in onore del principe polacco, sull'ampio piazzale antistante alla villa, fu dato un balletto d'opera di tema pagano, *La Liberazione di Ruggiero dall'Isola d'Alcina*. I due Parigi crearono degli scenari favolosi per il cocchio di Nettuno tirato da cavalli marini nel prologo, dove anche il dio della Vistola rendeva omaggio all'ospite; per l'isola e il castello della maga, in cui Ruggiero aveva dovuto soccombere ai suoi sortilegi; e per l'incendio finale e la metamorfosi di Alcina in un mostro alato che si gettava nelle fiamme. Allo scopo di terminare lo spettacolo su una nota di letizia, la scena si trasformava in un paesaggio di picchi rocciosi, nel quale le ninfe sbucavano da alcune grotte, inseguite da cavalieri liberati, e tutti ballavano dalla gioia per la sconfitta della perfida maga. Un numero di ballo equestre sul piazzale era reso più movimentato dalla comparsa della buona fata Melissa che cantava un madrigale dall'alto d'un cocchio tirato da centauri.

Fortunatamente rimangono le stampe dell'epoca che raffigurano quelle feste grandiose per aiutarci a farcene un'idea e per ispirare nel nostro secolo artisti scenografi del calibro di Bakst e di Sert. Senza tener conto del costo della rappresentazione, si prodigavano le risorse d'una perizia sopraffina allo scopo di abbagliare gli ospiti con l'opulenza dei Medici. Si concepirono e si adottarono nuove trovate; s'intensificarono gli effetti scenici mediante certi trucchi, come quello di nuvole contenenti angeli e divinità oppure, come nel *Masque of Blackness* di Ben Jonson, ispirato dalla Regina Anna, per il quale Inigo Jones disegnò le scene e i costumi nel 1605, quello di mari artificiali « gonfiati da onde che parevan muoversi, e in qualche punto da marosi che parevan frangersi, così da imitare quell'ordinato disordine ch'è frequente nella natura ». Nei bozzetti per maschere d'Inigo Jones che si trovano nella collezione Chatsworth si osserva una stretta rassomiglianza con quelli del Buontalenti e della sua scuola. In Inghilterra, non solo in Italia, gli svaghi di Corte erano più notevoli come spettacoli che non come opere drammatiche: si attribuiva primaria importanza alla bravura e all'inventiva dell'architetto.

Nella sua villa di Arcetri, non lontano da Poggio Imperiale, Galileo, « Matematico Sopraordinario del Granduca Cosimo II », passò gli ultimi otto anni di vita, completò i *Dialoghi delle nuove scienze,* e scoprì le librazioni diurne e mensili della luna prima di diventar cieco. Perfino dopo la disgrazia dettò le sue più recenti teorie agli allievi Viviani e Torricelli e mantenne la corrispondenza scientifica. Non dimentichiamo che quando scoprì al telescopio i satelliti di Giove, Galileo li chiamò *Sidera Medicea* in onore dell'allievo e protettore Cosimo II.

Poggio Imperiale fu ulteriormente ingrandito e ridecorato dalla Granduchessa Vittoria della Rovere che vi tenne corte, ma soffrì irreparabilmente dei tagli e dei mutamenti infertigli dalle mani d'architetti mediocri, i cui nomi sarà meglio dimenticare. Il Granduca d'Austria Pietro Leopoldo vi aggiunse le vaste scuderie che diventarono una caserma, e fu il suo secondogenito, quel cafone d'un Ferdinando III, a rovinare la facciata di Giulio Parigi. Nel 1799, durante la prima campagna italiana di Napoleone, Re Carlo Emanuele IV di Sardegna e sua moglie Maria Clotilde, profughi da Torino, furono ospiti di Ferdinando per un mese, ma presto si trovarono costretti a fuggire in Sardegna mentre Ferdinando andava a Vienna per raggiungere l'imperiale fratello. Quindi alla vedovata Regina d'Etruria (quel regno effimero creato da Napoleone) fu permesso di stare al Poggio coi due figli finché non dovette sgomberare a sua volta per far posto a Elisa Baciocchi, sorella del Bonaparte. Si diedero grandi festeggiamenti per celebrare le vittorie di suo fratello, ma nel 1814 riapparve Ferdinando, e Elisa fu obbligata a squagliarsela di notte.

Le lettere di Sir Horace Mann descrivono la decadenza del gusto e le condizioni farsesche della vita di Corte dopo la caduta dei Medici, sotto la reggenza del Principe de Craon fino al 1765, quando giunse il Granduca Pietro Leopoldo, terzo figlio dell'Imperatrice Maria Teresa. « Tristi cose accadono a Palazzo Pitti e nel giardino », riferiva Mann nel 1746 (la disposizione dei quadri doveva dipendere dalla maggior o minor freschezza delle cornici dorate). E nel maggio del 1765: « Tutto si calcola secondo il meridiano della Germania, anzi della Moscovia: stufa o camino in ciascuna stanza, in alcune ambedue. E il *goût* in fatto di mobilia non è meno barbaro. Tutte le cornici più brillanti hanno da stare assieme, e nella stanza dov'è il baldacchino, nessuna figura deve darvi le spalle, e il famoso ritratto di Lutero e Calvino del Pordenone [in realtà, il *Concerto* di Tiziano] è stato bandito dalla compagnia delle Madonne. L'Imperatrice [Maria Teresa] non permette che una sola gamba o un solo braccio ignudi profanino le pareti degli appartamenti ch'ella frequenta, e per questa ragione, come disse or non è molto il Maresciallo Botta, non pone mai piede in una casa dove l'Imperatore conserva le sue rarità, quantunque non abbiano nulla d'indecoroso ».

I Granduchi d'Asburgo Lorena avevano la fissazione della vita in famiglia, erano più frugali dei primi Medici e affatto privi del loro amore per l'arte e del loro spirito di mecenatismo. Vendettero quasi tutte le ville medicee, e fu una fortuna per Firenze che Anna Maria Luisa, ultima Principessa della dinastia, lasciasse in testamento alla Toscana la raccolta dei tesori di sua proprietà. Nel patto concluso con i Lorena, nominando la loro Casa erede universale (31 ottobre 1737), impegnò il nuovo Principe « e i suoi successori granduchi... che di quello che è per ornamento dello Stato, per utilità del pubblico e per attirare la curiosità dei forestieri tutti i mobili, effetti e rarità come gallerie, quadri, statue, biblioteche, gioie ed altre cose preziose — non ne sarà nulla trasportato o levato fuori della Capitale e dello Stato del Granducato ». Ma il guardaroba mediceo non era compreso nei termini del lascito e il Granduca Pietro Leopoldo se ne disfece. La vendita si protrasse mensilmente per ben dieci anni. Come riferì Henry Napier, « quasi ogni residenza dei Medici da un capo all'altro della Toscana aveva il suo speciale guardaroba, indipendentemente dal grande magazzino dello splendore mediceo a Firenze, e tutti vennero messi in vendita al pubblico. Velluti, damaschi, ricami dorati, sedie e cornici per specchi d'argento massiccio, broccati d'oro, sontuosi merletti, frange

73

e costose pezze di seta, furono venduti o condannati al crogiuolo. Si fece a pezzi il letto da parata di Gian Gastone, ricamato da cima a fondo con una profusione di belle perle e altre gemme, e molti squisiti lavori in gioielleria e metalli preziosi, simboli del gusto e della magnificenza medicea, furono rotti oppure diversamente spacciati per un ammontare di mezzo milione di corone ». Nel 1781 Sir Horace Mann fornì altri precisi ragguagli: « Le vendite degli ultimi anni comprendevano vecchi quadri, tavoli, seggiole e scanni; ma c'erano inoltre parecchie porcellane bianche e celesti, non servizi completi, bensì alcuni pezzi antichi, e pregevoli per questo motivo... Ma cosa ne dite di quel che m'ha confidato il Grand Maître, che dai merletti e dalle frange d'oro di cui erano adorni le tappezzerie, gli scanni e le seggiole, egli ha ricavato tre servizi di vasellame da tavola, di 36 coperti ciascuno, con tre dozzine di coltelli, forchette e cucchiai d'oro, ad uso dei Principi... ».

Uno degli ultimi ospiti illustri a Poggio Imperiale, prima che l'occupassero le truppe austriache venute a rimettere sul suo trono traballante il Granduca Leopoldo II e rimaste di guarnigione a Firenze dal 1849 al '54, fu il primo Re d'Italia, un bambino ancora in fasce nel 1822. La culla di Vittorio Emanuele prese fuoco e la sua balia morì in seguito alle ustioni riportate, dopo averlo sottratto alle fiamme. Inferocita dalle zanzare che sciamavano intorno alla zanzariera, la donna aveva tentato di bruciarle con quel risultato fatale.

Nel 1860 Vittorio Emanuele rivisitò gli appartamenti che aveva occupato da piccolo con i genitori, allora Principi di Carignano del ramo cadetto. Malgrado le sue proporzioni regali, Poggio Imperiale ha oggi un'aria desolata in funzione di collegio per tenere adolescenti.

In quella che un tempo fu la gioiosa villa di Lappeggi scintillarono gli ultimi sprazzi d'allegria prima che i Medici svanissero in malinconica sterilità. Desideroso di emulare le fantasie di Pratolino, il Cardinale Francesco Maria, il prodigo fratello minore di Cosimo III, ne ordinò la costruzione ad Antonio Ferri sul luogo ove sorgeva un'antica villa turrita, appartenente ai Medici dal 1569. Dopo aver scelto il più grandioso dei disegni del Ferri, il cardinale gliene chiese il prezzo. « Per fare qualcosa di durevole ci vorranno ottantamila scudi », rispose l'architetto. « E se volessi spenderne solo trentamila, pur facendo costruire la villa secondo questo progetto, quanto potrebbe durare? ». Quando il Ferri rispose che gliela garantiva per diciotto anni, il Cardinale esclamò: « Allora fate pure. Se dura diciotto anni è sufficiente: basterà quanto me ».

I lavori ebbero inizio nel 1667, e mentre l'incisione dello Zocchi ci aiuta a scorgere mentalmente la grazia esteriore della costruzione, il poeta G. B. Fagiuoli ne ha celebrate le attrattive nelle sue *Rime Piacevoli* (Parte I, cap. 5):

II
VILLE DI FIRENZE
E DINTORNI

Vedi note alle pagg. 285-290

42

52

53

61   62

65

66

VILLE
DI FIRENZE
E·DINTORNI

L'evoluzione della villa toscana sarebbe avvenuta diversamente se i Medici non avessero dominato Firenze durante tre secoli? Fino al ritorno trionfale di Cosimo il Vecchio dall'esilio, nel 1434, l'unica alternativa era consistita nel governo di un'oligarchia più rigida, quella degli Albizzi. Gli antenati di Cosimo avevano sempre uniformato la loro condotta alle leggi delle libertà della Repubblica e i loro interessi erano coincisi con quelli della classe mercantile, concentrati sull'incremento del commercio fiorentino. « Vivevano da comuni cittadini in mezzo agli altri », come scrisse Armstrong,* « pur dirigendo il proprio treno di casa e dando ricevimenti in privato, e portavano il costume e l'arme gentilizia personali in piena austerità repubblicana ». Luca Pitti, l'ambizioso rivale di Cosimo, dimostrò che la dimora grandiosa non era monopolio dei Medici quando volle edificare il palazzo che porta ancor oggi il suo nome; e altre grandi famiglie, quali gli Acciaiuoli e i Salviati, costruirono ville non meno massicce e spaziose di Careggi. Quegli ameni giardini ora scomparsi, conosciuti col nome di Orti Oricellari, furono progettati da Bernardo Rucellai verso la fine del Quattrocento, e gli Acciaiuoli possedevano anch'essi un bel giardino nel cuore della città, oltre al castello di Montegufoni e ad altre tenute. L'antagonismo tra banchieri e mercanti si poteva osservare nelle loro case di campagna, che venivano chiamate con nomi significativi, come Belcanto e Schifanoia, equivalente al francese Sans-Souci e analogo al napoletano Posillipo (propriamente: che fa cessare il dolore) se non, più alla svelta, con quello del padrone.

Leon Battista Alberti, il cui trattato d'architettura, *De Re Aedificatoria*, fu composto fra il 1450 e la sua morte, avvenuta nel 1742, raccomandava che le costruzioni si basassero sulla bellezza del disegno e sulla giusta distribuzione dei singoli elementi piuttosto che sulla grandezza e sull'ornamento. E concludeva che la bellezza era « l'unione concorde di parti diverse in un insieme armonioso nel quale nessuna di esse possa togliersi, diminuirsi o mutarsi senza che l'insieme diventi peggiore ». I suoi *Dieci Libri sull'Architettura* (tradotti in inglese da James Leoni nel 1755) ottennero una gran diffusione anche prima di venir pubblicati nel 1485, ed esercitarono un forte influsso in Toscana mentre erano favorevoli le condizioni dell'edilizia. Gli architetti fiorentini continuarono ad adeguarsi al suo principio che la bellezza era innata e diffusa nel tutto, mentre l'ornamento era qualcosa di aggiunto e di attaccato. Essi furono più moderati nell'uso degli ornamenti dei loro colleghi veneziani e romani, e più che in ogni altra parte d'Italia sembra che i loro edifici spuntino fuori dal paesaggio, quasi per affinità spontanea con le colline e con la vegetazione locale. Ma le condizioni dell'edilizia apparvero meno favorevoli dopo il 1494, quando i Medici vennero espulsi da Firenze, e i loro beni saccheggiati o confiscati. I diciotto anni successivi, d'irrequieto governo repubblicano, si conclusero

* E. Armstrong: *Lorenzo de' Medici and Florence in the fifteent century.* London, 1900.

137

con la temporanea restaurazione dei Medici sotto l'egida del figlio di Lorenzo il Magnifico, Cardinale Giovanni, che presto sarebbe divenuto Papa Leone X; con la loro seconda espulsione nel 1527; e col loro ristabilimento definitivo nel 1531.

Cosimo, il primo Granduca, fu il fondatore della monarchia medicea: lui e i suoi discendenti si sbarazzarono dell'austerità repubblicana e smisero di vivere da comuni cittadini in mezzo agli altri. L'architettura rispecchiò il loro desiderio di gloria universalmente riconosciuta, e il suo principale esponente fu Giorgio Vasari, la cui fama come storico d'arte ha eclissato quella che merita ampiamente per altri frutti del suo ingegno versatile. Il Vasari fu il padre dei manieristi fiorentini che menavano vanto della propria sveltezza e facilità d'esecuzione. Forse il più svelto di tutti fu Bernardo Buontalenti, soprannominato « dalle girandole » a causa della sua precoce perizia nell'arte pirotecnica. Mentre si nota una crescente tendenza a più fantasiosi disegni nei giardini, le ville sfuggirono quasi totalmente all'influsso dei manieristi. Secondo il Vasari, « delicatezza, raffinatezza e grazia suprema » erano « le qualità prodotte dalla perfezione dell'arte », e la raffinatezza gli architetti toscani l'avevano nel sangue.

È difficile datare cronologicamente le ville più antiche a causa della consuetudine invalsa di rimodellare e ricostruire l'originale; parecchie furono sottoposte più volte alla plastica facciale. Ne è un esempio tra i più salienti il castello di Montegufoni, ben noto ai lettori delle memorie di Sir Osbert Sitwell, giacché fu suo padre che lo comprò e lo restaurò dopo che trecento contadini lo avevano occupato per una cinquantina d'anni. A vederlo da lontano sembra un complesso di edifici con una torre che ricorda quella di Palazzo Vecchio in miniatura — quasi un villaggio sopra la vecchia strada volterrana, nella campagna collinosa dei dintorni di San Casciano — e occorre ammirare l'intraprendenza donchisciottesca di Sir George Sitwell, descritta dal figlio con tanta arguzia e vivacità. Nell'annunciargli il fatto compiuto, Sir George scriveva: « Anche senza contare l'interesse romantico, è un buon acquisto perché rende il cinque per cento. Il tetto è in ottime condizioni e le tubature non possono essere difettose, dato che non esistono affatto ». Scrisse inoltre: « Sembra che ci sian stati i bagni e tutti i lussi possibili e immaginabili. Avremo modo di produrre olio, vino e frutta... perfino champagne ». Ma anche dopo trent'anni o più di oculati restauri, il castello conservava « un'aria di grandiosità sconsolata », e questa era evidentemente una delle sue principali attrattive agli occhi di Sir George.

Il castello apparteneva al potente clan degli Acciaiuoli fin dagli inizi del Duecento. Come i Bardi, i Peruzzi, i Pitti e i Medici, nel secolo successivo gli Acciaiuoli furono gli esponenti più ragguardevoli della corporazione dei banchieri (Arte del Cambio); concedevano ingenti prestiti ai principi stranieri e la loro posizione era analoga a quella dei Rothschild nella storia moderna. Philippe de Commines sosteneva che Edoardo IV d'Inghilterra dovesse la corona ai banchieri fiorentini. Nella biografia di Niccolò Acciaiuoli, il membro più celebre della famiglia, Matteo Palmieri osservava che suo padre « godé molte volte l'onore supremo del Priorato », e che la famiglia era « grande e assai riverita non solo a Firenze, bensì anche in Sicilia ». Recatosi a Napoli per affari, Niccolò si fece presto benevolere da Caterina, Imperatrice nominale di Costantinopoli e vedova di Filippo, Principe di Taranto, oltre a guadagnarsi la fiducia di Re Roberto, cognato di lei, che gli affidò la tutela dei Principi di Taranto, suoi nipoti ed eredi. Per più di vent'anni Niccolò governò in effetti il regno di Napoli con la carica di Gran Siniscalco, e nel 1345, quando il Re d'Ungheria, risoluto a vendicare la morte violenta di suo fratello Andrea, primo marito della Regina Giovanna, mosse guerra al regno di Napoli, il Gran Siniscalco portò in salvo a Montegufoni il proprio regale protetto Ludovico di Taranto, secondo marito di Giovanna, che vi rimase fino al 1348, quando Niccolò sconfisse gli invasori ungheresi con l'aiuto di Papa Clemente VI. Creato Conte di Melfi e d'altri castelli del Mezzogiorno, oltreché Conte di Campagna e Senatore di·Roma dal Papa, egli pervenne a ulteriore prestigio e ricchezza col Ducato di Corinto, prima di morire a Napoli nel 1366, vivamente compianto dalla dinastia angioina che aveva servito con tanta fedeltà.

Il Gran Siniscalco era nato a Montegufoni, e nel 1386 suo nipote Donato fece erigere la torre che domina il castello. Neri, fratello di Donato, ereditò il ducato di Corinto dallo zio Niccolò, e nel 1392 ottenne il feudo del ducato di Atene da Re Ladislao di Napoli. I suoi discendenti rimasero in Grecia fino al 1463, quando Francesco di Antonio, sesto Duca di quel ramo, fu ucciso dai turchi; possedevano un castello sull'Acropoli di Atene e un altro sull'Acropoli di Corinto, ma quello di Montegufoni è l'unico superstite, e assunse la forma in cui oggi lo vediamo solamente verso la metà del Seicento. In origine era consistito in sette case separate, cinte da un muro di fortificazione. Il senatore Marchese Donato Acciaiuoli, figlio del senatore Ottaviano e fratello del famigerato Cardinal Niccolò, le cui crudeli persecuzioni a danno del nipote Roberto e della moglie di lui, Elisabetta Mormorai, suscitarono l'esecrazione generale, riunì le sette case conferendovi l'aspetto di un agglomerato. Il Cardinale Niccolò aggiunse la facciata nord e vari abbellimenti, e altri membri della famiglia continuarono a far ritocchi al giardino, ma non sopporterebbero ritocchi di sorta le descrizioni prismatiche e umoristiche del luogo che figurano nell'autobiografia di Sir Osbert Sitwell. I principali elementi d'interesse pittoresco, a prescindere dalla torre e dalla facciata barocca di levante, sono la graziosa grotta pavimentata a mosaico con la scala balaustrata esterna, e molte stanze contenenti piacevoli affreschi del Settecento, come quelli di una ex camera da letto a forma di caverna, divisa in due vani, di cui quello esterno è dipinto con paesaggi di fantasia, mentre il cielo del soffitto brulica di cupidi in volo, alcuni rosei e altri bruni dalle ali di pipistrello, in atto di rincorrersi fra nuvole fioccose. A queste stanze Sir Osbert e Sacheverell Sitwell aggiunsero un salotto tutto loro, squisitamente affrescato da Gino Severini con personaggi della Commedia dell'Arte, che riscosse l'incondizionata disapprovazione di Sir George. Grazie ai Sitwell il castello ritrovò un'atmosfera poetica affatto sui generis.

Qui, durante la seconda guerra mondiale, furono ricoverati molti dei più bei dipinti dei musei e delle chiese fiorentine, e il professor Frederick Hartt ci ha dato una descrizione commovente di come li trovò quando la villa fu occupata dal primo battaglione di fanteria leggera del Maratta, ottava divisione indiana, mentre il colle sussultava al rombo dei cannoni britannici e le bombe tedesche stridevano in alto prima di esplodere in mezzo ai vigneti e ai cipressi dei dintorni.* Dopo la morte di Sir Osbert Sitwell e la rimozione della maggior parte dei mobili, Montegufoni ha ripreso la stess'aria di grandiosità sconsolata che aveva esercitato una così intensa attrazione su suo padre.

Più vicina a Firenze, Villa Salviati è un'altra mole impressionante di veneranda età, che si erge come un bastione sulla collina di fronte alla Badia Fiesolana, da dove si vede ben nitida: ha forma di un grosso rettangolo coronato da una galleria aggettante che poggia su mensole e archetti in reminiscenza di Careggi, ma non ne migliorarano certo l'aspetto l'aggiunta in epoca posteriore d'una torretta e di finestre disposte quasi a casaccio. Evidentemente era una fortezza duecentesca quando, nel 1469, Alamanno Salviati la comprò dalla famiglia Montegonzi. I Salviati componevano un antico e solido clan di mercanti oriundi del quartiere di Santa Croce, erano facoltosissimi, rivestirono cariche di primo piano nella magistratura e operarono costantemente nella Signoria e in varie missioni diplomatiche. Benché fossero imparentati coi Medici, molti di loro erano antimedicei, avendo contratto matrimoni anche nella famiglia dei Pazzi. Francesco Salviati, ch'era stato nominato arcivescovo di Pisa da Sisto IV, entrò nella congiura dei Pazzi per la rabbia che gli si fosse impedito d'insediarsi nella diocesi. E non è il caso di meravigliarsene, se dobbiamo prestar fede alla descrizione del Poliziano che lo definì un ignorantone, spregiatore d'ogni legge umana e divina, lordo d'infamia e di scelleratezze. Dopo l'uccisione di Giuliano de' Medici nella Cattedrale, Francesco, negli abiti della dignità prelatizia, fu impiccato a una finestra di Palazzo Vecchio.

Lucrezia, sorella di Lorenzo il Magnifico, fu moglie di Jacopo Salviati, e sua figlia Maria andò sposa al valoroso condottiero Giovanni de' Medici, soprannominato dalle Bande Nere, il cui figlio divenne il

* Frederick Hartt:
Florentine Art under Fire,
Princeton, 1949.

*Salviati: incisione
dallo Zocchi*

Granduca Cosimo I. Tre dei fratelli di Maria passarono alla fazione
antimedicea, mentre Alamanno, il minore, fu consigliere fidato di entrambi i Duchi Alessandro e Cosimo, e lasciò una cospicua fortuna.

Nel 1527 i Salviati furono dichiarati ribelli perché sospetti di sim-
patie per i Medici; la loro villa fu quindi incendiata e saccheggiata dai
vandali repubblicani. Sappiamo dal Vasari che Giovan Francesco Rustici « fece in un suo palazzo sopra al ponte alla Badia un tondo di
marmo bellissimo per la Cappella, dentrovi una Nostra Donna; ed intorno al cortile molti tondi pieni di figure di terra cotta con altri ornamenti bellissimi, che furono la maggior parte, anzi quasi tutti, rovinati
dai soldati l'anno dell'assedio, e messo fuoco nel palazzo dalla parte
contraria a' Medici ». A proposito del Rustici, il Vasari racconta ancora: « E avendo grande affezione a questo luogo [Villa Salviati], si
partiva per andarvi alcuna volta di Firenze così in lucco, ed uscito
dalla città se lo metteva in ispalla, e pian piano, fantasticando, se
n'andava tutto solo insin lassù. Ed una volta fra l'altre, essendo per
questa gita, e facendogli caldo, nascose il lucco in una macchia fra
certi pruni, e condottosi al palazzo, vi stette due giorni, prima che se ne
ricordasse: finalmente mandando un suo uomo a cercarlo, quando vide
colui averlo trovato, disse: 'Il mondo è troppo buono: durerà poco...' ».

Clemente VIII creò marchese il nipote di Alamanno, e Urbano VIII
nominò Duca di Giuliano il figlio del suo pronipote, Jacopo. Questi
restaurò sfarzosamente la villa in onore della sua sposa Veronica, figlia
del Principe di Massa. Le nozze furono celebrate con pompa regale,
ma la nuova Duchessa era brutta oltreché altezzosa e, come scrisse un
cronista, il Duca Salviati conobbe scarso piacere assieme a lei. Dopo
otto anni, se non più, di convivenza infelice, il Duca, ch'era un bel-
l'uomo e galante per giunta, cercò di consolarsi tra le braccia di Cate-

rina Canacci, la giovane moglie di un vecchio repellente, padre di molti figli già adulti. La gelosa Duchessa, informata della relazione da Bartolomeo Canacci (che pare avesse corteggiato invano la matrigna), gli promise un lauto compenso e la sua protezione purché vendicasse l'onta della famiglia. Fece inoltre venire dalla natia Massa quattro assassini e impartì loro istruzioni segrete. La notte del 31 dicembre 1638 Bartolomeo e i sicari pugnalarono a morte Caterina in casa del marito. Anche la sua cameriera fu trucidata per impedirle di rivelare il delitto, al quale assisterono due vicini terrorizzati. Alcune membra delle povere donne furono gettate in un pozzo, altre nell'Arno, dove vennero scoperte. Ma gli assassini avevano segato la testa di Caterina e la consegnarono alla Duchessa, che il primo gennaio mandò al marito la raccapricciante reliquia in una bacinella d'argento contenente la biancheria di ricambio. Possiamo immaginare lo choc del Duca. Nel frattempo erano stati identificati i resti della vittima. Si arrestarono e s'imprigionarono il marito e i figliastri di Caterina: dopo aver subìto la tortura, Bartolomeo fu giustiziato al Bargello, mentre i suoi complici riuscirono a fuggire. La Duchessa, per esser figlia di un principe regnante, si sapeva sicura di passarla liscia; infatti fu semplicemente messa al bando e il marito non volle più rivederla. Permane una leggenda secondo la quale, quando gli presentarono la testa dell'amata, il Duca la lasciò cadere per l'orrore, e la testa rotolò lentamente giù per le scale, dove si ode tuttora il tonfo della discesa. Questo episodio contribuisce forse a spiegare la riluttanza del proprietario attuale a lasciar visitare la villa.

Quando, nel 1794, i Salviati si estinsero col Cardinal Gregorio, la villa toccò alla Principessa Borghese, sua nipote; la ereditarono i figli di lei, e nel 1844 i loro discendenti la vendettero a un inglese, Arthur Vansittart. In seguito l'acquistò Mario, Conte di Candia, il più celebre tenore dell'Ottocento, che conservava la grazia e il fascino della gioventù quando la sua voce vellutata tradiva già da tempo i sintomi della stanchezza. Mario sposò il non meno celebre soprano Giulia Grisi che gli diede tre figli, e si ritirò dalle scene nel 1871, dopo la morte della moglie. Nel 1867 Charles Richard Weld scrisse: « La villa Salviati, ove abbondano opere d'arte e oggetti rari che gremiscono letteralmente le vaste e numerose stanze — omaggi, nella maggioranza, a Mario e alla Grisi cui essa appartiene — rimarrà nel mio ricordo per il suo scenario di giardini a terrazze e per la veduta che da questi si gode, piuttosto che per i suoi tesori artistici; con una sola eccezione, vorrei tuttavia aggiungere: un ritratto della Grisi, che la raffigura al culmine della bellezza, e ch'è stato dichiarato la miglior effigie di questa intramontabile sovrana del canto. Esso adorna, com'è giusto, lo studio di Mario ».* Weld non fa cenno d'una visita di Garibaldi a Mario e alla Grisi a Villa Salviati, dove un quadro di assurda bruttezza commemora l'evento. Successivamente la proprietà appartenne a uno svedese, certo

* Charles Richard Weld: *Florence the New Capital of Italy.* London, 1867.

Hagermann, che a sua volta la vendette a uno svizzero, il signor Turri. La villa rimane un vano miraggio per gli speranzosi turisti, specialmente se vi posano sopra lo sguardo da San Domenico. Ma i delusi amanti del bello possono trovar compenso in migliori esemplari di questo tipo d'architettura a Careggi e a Cafaggiolo, che recano tuttora le tracce del grande Michelozzo. Altrimenti, bisognerà che si accontentino dell'incisione dello Zocchi.

Di fronte a questa rocca di fantasmi sorge l'amplissima Villa Palmieri, famosa tanto per la sua posizione silvestre sulle pendici di San Domenico quanto per coloro che l'abitarono nei tempi andati. Il giardino descritto dal Boccaccio nel prologo alla Terza Giornata del *Decamerone* è stato spesso identificato con quello di Villa Palmieri, ed è divertente immaginare l'autore che racconta le sue storie spinte in un luogo consacrato due volte dall'austera presenza della Regina Vittoria. Ma la descrizione del Boccaccio sembra un quadro idealizzato dei giardini trecenteschi, che erano più semplici, a giudicare dai dipinti anteriori al Rinascimento.

Quando Marco Palmieri l'acquistò nel 1454, la casa era appartenuta a parecchie famiglie fiorentine. Il suo discendente Palmiero Palmieri la trasformò nel 1697, creando il giardino di limoni dalla pianta ovale. Mèta perenne dei pellegrinaggi turistici, fu addobbata man mano dai suoi proprietari a seconda del vento che tirava nel campo della moda, e quella che oggi vediamo è una villa quattrocentesca con una sovrastruttura superficialmente barocca, una vasta terrazza a sud, che dà sul giardino e sulla cappella di famiglia. Predomina lo stile rinascimentale, giacché la villa fu edificata sui tre lati di un cortile, mentre la chiusura del quarto si completò con la loggia che Matteo di Marco Palmieri vi aggiunse nel 1469. Quest'ultima è separata dalla terrazza mediante un muro a cortina. Anche l'interno è di origine rinascimentale, con i tipici soffitti a volta, i camini e le cornici delle porte scolpiti, e una porta del cortile è perfino anteriore. La terrazza balaustrata, con una duplice rampa che scende ariosamente nel parterre dai complicati disegni di bosso, è l'elemento di maggior spicco del giardino, che fu grandiosamente rimodellato negli anni intorno al 1870 dal Conte Crawford e Balcarres in stile sia italiano che inglese. Solamente il giardino di limoni è immutato.

Fra i membri della famiglia Palmieri si distinse soprattutto Matteo (1406-1474), che fu uno dei più eminenti Platonici della cerchia di Cosimo il Vecchio, un brillante oratore e uno scrittore prolifico in latino e in italiano. Nipote di un ricco farmacista che, come solevan fare quasi sempre gli appartenenti alla classe mercantile, convertiva i guadagni in beni immobili, occupò varie cariche importanti nel governo. Siccome non aveva figli, adottò i due orfani del fratello Bartolomeo che amministravano l'azienda familiare quando lo zio era inviato all'estero in missioni speciali. Il biografo e libraio Vespasiano da Bisticci scrisse che Matteo Palmieri « dette principio alla casa sua, e nobilitolla per le sue singulari virtù », e che lo si riveriva dovunque andasse. Il suo busto, opera di Antonio Rossellino, oggi al Bargello, ritrae un volto aperto e generoso; Vespasiano ci dice inoltre che era alto, di maestosa figura e precocemente incanutito. I suoi scritti compresero fra l'altro una storia di Pisa, una biografia del Gran Siniscalco Acciaiuoli in latino ornato, un'orazione funebre per il suo maestro Carlo Marsuppini, cancelliere della repubblica fiorentina, che strappò le lacrime agli astanti, un dialogo sul governo e un poema dantesco intitolato *Città di Vita,* che i suoi amici portarono alle stelle ma che non uscì mai perché i teologi cui fu sottoposto in esame dopo la morte di lui, decretarono ch'era eretico col pretesto che ribadiva l'errore di Origene circa la pre-esistenza dell'anima. L'Inquisizione voleva addirittura distruggerlo insieme alle spoglie dell'autore, ma il Proconsolo dei Notari prese in custodia il manoscritto, che in seguito fu conservato nella Biblioteca Laurenziana. Un'*Assunzione della Vergine* del Botticini, oggi alla National Gallery di Londra, fu dipinta in origine per la cappella Palmieri. Stando al Vasari, che l'attribuì erroneamente al Botticelli, Matteo Palmieri ne suggerì il disegno, con se stesso e la moglie in primo piano, ma le malelingue lo tacciarono di eresia, cosicché il quadro fu trasferito alla villa e murato, e finalmente tolto dal nascondiglio e venduto. Dopo aver fatto parte per un certo tempo della collezione del Duca di Hamilton, nel 1882 venne acquistato per la National Gallery. Gli eredi di Matteo continuarono a prosperare e ad abbellire la loro villa nei pressi di San Domenico.

Firenze era già il traguardo culturale degli inglesi negli anni intorno al 1760, quando il terzo Conte Cowper comprò Villa Palmieri. Cowper si era innamorato d'una signora fiorentina e neppure le suppliche del padre morente riuscirono a convincerlo a far ritorno in Inghilterra. Comunque, finì con lo sposare un'attraente signorina inglese, Miss Hannah Gore, venuta a visitar Firenze con suo padre, e Sir Horace Mann nomina di frequente il Conte Cowper nella corrispondenza con Horace Walpole. Riferendosi alla folla dei personaggi che gremisce il quadro di Zoffany, *La Tribuna degli Uffizi,* Horace Walpole scrisse nel 1779: « Concedo di buon grado un posto nella Tribuna al Conte Cowper: un conte inglese che non ha mai visto la sua contea, che. mette radici e prolifera a Firenze, e che mena vanto d'un principato di princisbecco in una terza contrada, è una rarità degna come un'altra di figurare nella collezione toscana. « Malgrado che il Conte fosse divenuto deputato per Hertford, nel 1759, quando andò in Italia, perse il seggio perché si astenne dal tornare in patria. Si fece amico del Granduca Pietro Leopoldo (il futuro Imperatore Leopoldo d'Austria), che rimase affascinato da sua moglie, ed ebbe una parte di primo piano nella società fiorentina. Organizzava concerti, collezionava quadri antichi e dell'epoca, esercitando l'ascendente di cui godeva presso il Granduca a favore degli artisti inglesi desiderosi di copiare nei musei, frequentava gli scienziati e dirigeva un laboratorio e un gabinetto di fisica. Contribuì per giunta a far erigere il sepolcro di Galileo in Santa Croce, si tenne in corrispondenza con Alessandro Volta e fu socio di varie e dotte accademie. Ma lo si metteva comunemente in ridicolo per l'esagerata importanza che annetteva ai titoli nobiliari.

Siccome sua madre era la figlia minore e coerede di Enrico di Nassau d'Overquerque, Conte di Grantham e discendente di Maurizio di Nassau, Cowper moriva dalla voglia di ottenere il titolo di Principe di Nassau. Gli si paravano nondimeno davanti molti ostacoli. Come scrisse Sir Horace Mann nel marzo del 1778: « I grandi Nassau si opposero a che egli portasse il loro nome col titolo di Principe. L'Imperatore stimò quindi di aver escogitato un espediente sostituendovi Overquerque, ma i cugini di quella famiglia si sono parimenti impuntati contro una soluzione del genere, talché ora il titolo si ridurrà a un comune Principe Cowper', per il quale egli dovrà pagare diecimila zecchini. Gli Araldi dell'Impero, come fece Re Guglielmo nel caso di Lord Rochford e di Lord Grantham, si sono pronunziati contrari a che egli si fregi dell'arme di Nassau, poiché non riconoscono un simile diritto per parte di femmine; e a maggior ragione quando esiste un ramo maschile della famiglia. Sembra che né Milord né l'Imperatore sapessero quello che si facevano, quando il titolo fu richiesto e concesso, e credo che entrambi se ne pentano oggi ». Alla fine, tuttavia, Cowper ricevette il Diploma Imperiale, ed ecco il motivo dell'allusione di Walpole a un principato di princisbecco. Il ritratto del Principe eseguito da Giuseppe Antonio Fabrini, allievo di Mengs e conosciuto come pittore ufficiale di Sua Altezza George Cowper, rappresenta una figura robusta in manto d'ermellino, con l'Ordine bavarese di Sant'Uberto al collo... davvero in forte contrasto col busto che di Matteo Palmieri modellò il Rossellino.

Nel 1874 il Conte di Crawford e Balcarres comprò Villa Palmieri e vi apportò dei restauri per effetto dei quali, come scrissero le signorine Horner,* « alla bellezza di un giardino italiano qui si uniscono la cura e l'ordine d'una dimora inglese ». La Regina Vittoria vi soggiornò a due riprese, nel 1888 e nel 1893, e il cipresso da lei piantato la prima volta è vivo e vegeto, benché in questi ultimi tempi una malattia abbia colpito i cipressi di molte zone della Toscana, rendendo necessario abbatterli. Abbiamo avuto il nostro bel daffare a proteggere quelli della Pietra, che furono piantati quasi tutti da mio padre ai primi del secolo.

Nel Gabinetto dei Disegni e delle Stampe degli Uffizi si può vedere una nitida pianta della Pietra com'era nel Quattrocento, ed è stata riprodotta recentemente nel volume di Giorgio Vasari il Giovane che s'intitola *Piante di Chiese, Palazzi e Ville di Toscana.*** Quando la

* Susan and Joanna Horner: *Walks in Florence and its Environs.* London, 1884.

** Giorgio Vasari il Giovane: *La Città Ideale. Piante di Chiese, (Palazzi e Ville) di Toscana e Italia,* a cura di Virginia Stefanelli. Officina Edizioni, Roma, 1970.

casa fu rimodellata nel Seicento, probabilmente da Carlo Fontana che costruì Palazzo Capponi in Firenze, si ricoprì il cortile centrale che conteneva un pozzo e vi si aggiunse un armonioso scalone di forma ellittica. Al pozzo mio padre sostituì una fontana di marmo ch'è stata attribuita a Benedetto da Maiano. Dei due giardini menzionati nelle note di Giorgio Vasari il Giovane (« giardino grande, giardino segreto »), quello che guarda a mezzogiorno fu demolito nel secolo scorso e restaurato da mio padre com'egli immaginava che potesse esser stato; mentre quello a nord fu circondato da un muro ed è oggi un giardino di limoni terminante in un'ampia limonaia, che nel Seicento fu decorata con lavori in rocaille e sormontata, come i muri, da busti e da una balaustrata centrale.

Il nome La Pietra deriva da un pilastrino che indicava la distanza di un miglio dalla vecchia porta di San Gallo, e la villa è molto più antica di quanto potrebbe far credere il barocco toscano dell'esterno. Molte stanze sono puro Quattrocento, ed anche nel salotto i rilievi ornamentali di gesso furono applicati senza alterare le lunette delle volte originali.

Nel Trecento la tenuta apparteneva alla famiglia Macinghi, otto membri della quale furono Priori della Republica, e nel 1460 i suoi eredi la vendettero ai Sassetti. Questi ultimi si vantavano di discendere dai re sassoni e militavano nel partito ghibellino. Francesco di Tommaso, che rimodellò la villa in stile rinascimentale, ebbe due mogli, rispettivamente delle famiglie Strozzi e Pazzi, e la seconda lo rese padre di Francesco, il genio finanziario della dinastia.

Questo Francesco, nato nel 1420, acquistò tanta fama per il suo acume negli affari, che appena ventenne fu inviato ad Avignone in qualità di consocio nel banco di Cosimo il Vecchio. Più tardi Lorenzo il Magnifico gli affidò la cura di tutti i propri interessi in Francia, dove aveva una succursale a Lione. Ritornato a Firenze nel 1468, Francesco sposò Nera dei Corsi ed ebbe dieci figli. Riceveva con sfarzo, ammassò un'ingente raccolta di manoscritti e coltivò l'amicizia di Marsilio Ficino e d'altri eruditi famosi. Nel 1481 commise a Domenico Ghirlandaio gli affreschi per la cappella di famiglia in Santa Trinita, dove fu sepolto. Gli affreschi rappresentano episodi della vita di San Francesco e contengono i ritratti di Lorenzo il Magnifico e dei figli accompagnati dai loro tutori Luigi Pulci e Agnolo Poliziano, oltre alle vedute di Piazza della Signoria e di Piazza Santa Trinita. Sono anche raffigurati Francesco Sassetti e la moglie, in ginocchio d'ambo i lati dell'altare. Questi affreschi sono tra le cose migliori del Ghirlandaio: una rievocazione realistica della Firenze in pieno rigoglio ai tempi del Magnifico. Berenson scrisse che nella Cappella Sassetti il talento del pittore come ritrattista sfiora le vette del genio. Nel Museo del Bargello c'è pure un brillante busto di Francesco, eseguito da Antonio Rossellino.

Francesco morì nel 1491 e nel 1546 i suoi eredi vendettero la villa

Palmieri: incisione dallo Zocchi

a Giuliano di Piero di Gino Capponi, nella cui famiglia essa rimase durante i tre secoli successivi. Giuliano era figlio di quel Piero passato alla storia per l'arcinota battuta con cui rispose alla minaccia di Carlo VIII. La villa deve il sobrio barocco dell'esterno a Luigi Capponi, nato nel 1583 e fatto cardinale nel 1608; dopo un soggiorno in Romagna come legato pontificio, egli si ritirò stabilmente alla Pietra e vi morì nel 1659. Durante quel periodo la villa fu ricostruita e ridecorata, e il cappello del Cardinale sormonta lo stemma dei Capponi sulla facciata posteriore. Malgrado i cambiamenti da lui apportati, fu lasciata intatta gran parte dell'edificio quattrocentesco. L'arme gentilizia dei Sassetti rimane in molti medaglioni dei soffitti a volta, e le strette finestre inferriate, come nelle biblioteche al pianterreno, rievocano l'aspetto originario di queste stanze d'imponente altezza, che appartengono al Primo Rinascimento tanto per la forma quanto per lo spirito. Oltre all'esterno barocco, il Cardinale fece costruire due eleganti portinerie ai lati del cancello d'ingresso, da dove un lungo viale di cipressi conduce alla facciata nord-occidentale della villa, il cui settore centrale fu sopraelevato per dar luogo a una spaziosa sala da ballo. Che gli architetti del Cardinale si fossero limitati a ricoprire la struttura originale e ad adattarvi i loro disegni, appare evidente in parecchie cornici delle porte, dove frontoni barocchi vennero sovrapposti agli architravi quattrocenteschi. I muri esterni sono rivestiti di stucco d'una tinta ambracea chiazzata, le persiane sono verdi, e le cornici delle finestre di pietra serena d'un color grigio freddo.

Il processo di « toscanizzare » il giardino cosiddetto all'inglese cominciò nel 1904. Lo schema principale consiste in una serie d'ampie terrazze, spianate lungo il pendio che digrada dietro la villa. La prima è una lunga piattaforma con una balaustrata di pietra adorna di statue a intervalli regolari e fiancheggiata su entrambi i lati da scalinate che scendono alla terrazza mediana, cinta da bassi muri e da alte siepi pareggiate in cui s'aprono le nicchie d'altre statue. Nel centro di questa, e della terrazza inferiore, ci sono vasche di pesci dal bacino circolare, contornate da panche di pietra e da prati di sagoma geometrica, contenuti a loro volta da siepi di bosso. Una scalinata muschiosa, tappezzata di pietruzze colorate, conduce al lungo viale erboso che le attraversa, con un colonnato a destra sul quale intessono un tetto i rami d'un rosaio Banksia. In ambedue le terrazze prevalgono le piante sempreverdi. Un peristilio di colonne corinzie separa la terrazza inferiore dal vigneto adiacente e una statua di Ercole si erge vigorosa nel centro, con una coppia di antichi cipressi alle spalle. Molti sentieri corrono paralleli lungo il declivio verso archi di pietra e aiuole circolari orlate da siepi e da statue. Nelle notti di giugno le illuminano miriadi di lucciole.

Tutto il giardino è essenzialmente verde; gli altri colori sono episodici e occasionali. Sole ed ombra sono dosati con una oculatezza pari a quella che dettò la disposizione delle fontane, delle terrazze e delle statue, e in nessun altro giardino privato di Firenze ho mai visto statue di tanta forza e grazia individuali, dal solitario colosso di Orazio Marinali alle figure veneziane di Francesco Bonazza che avanzano nel teatro all'aperto quasi stessero per recitare una commedia di Goldoni. Le quinte di questo teatrino sono siepi di tasso e le luci della ribalta, globi di bosso. Le statue, raccolte da mio padre per decenni, meriterebbero una monografia a parte. È un giardino adeguato a tutte le stagioni, indipendente dai fiori; in genere i visitatori non si accorgono che mio padre lo ricreò nel nostro secolo. Il suo asse centrale fronteggia le colline verso Vallombrosa; Fiesole e San Domenico si stagliano contro lo sfondo a nord sulla sinistra, e in basso, a sud, le cupole e i campanili di Firenze emergono dalla valle echeggiante in lontananza.

Le vie d'accesso a molte ville fiorentine del Quattrocento lasciano prevedere di rado la vastità e la quiete latenti dietro la loro entrata massiccia, che sembra immunizzarle dalle indiscrezioni del mondo. A Villa Capponi di Arcetri, per esempio, si arriva risalendo una stradina tortuosa in mezzo a mura semicadenti, che parte da Poggio Imperiale. La facciata è modesta e reticente, e nondimeno dietro di essa un passaggio d'altezza imponente conduce a uno dei prati meglio tenuti di Firenze, un autentico *tapis vert,* mentre un altro immette nell'ampio salone che dà su una larga terrazza da cui si gode una vista stupenda della città. Questa abbaglia lo sguardo e lo distoglie dal giardino, che consiste in tre piccoli parterres situati a livelli diversi, con siepi geometriche di bosso e altri perfetti esemplari dell'arte topiaria, disposti in mezzo a rosee pareti ondulanti di gelsomino, sormontate da vasi e da urne. Prevalgono le sagome circolari: dalla ghiaia, simili a verdi bolle, spuntano globi di bosso e i fiori vegetano in vaso per risparmiare l'acqua preziosa. Sul livello inferiore c'è una piscina nascosta da cipressi, e più oltre degradano oliveti, lussureggianti d'iris e di anemoni a primavera.

La tenuta fu acquistata nel 1572 da Gino di Ludovico Capponi, e i proprietari successivi rispettarono la semplicità dell'edificio con la sua torre modesta. Le due logge, la prima sulla terrazza a sud, la seconda sul lato nord della villa, vennero aggiunte nel 1882 da Lady Scott, figlia del Duca di Portland, e sono di gran vantaggio d'estate perché si può servire il pranzo nell'una e il tè nell'altra. Le loro colonne di pietra serena scamparono alla distruzione dell'antica piazza del mercato, demolita per dar luogo all'odierna Piazza della Repubblica. Fu senza dubbio Lady Scott a piantare il liscio prato che si estende dietro la casa come il campo da bocce all'inglese di Villa Gamberaia. Una siepe e un cancello sormontato da grifi lo separano dal giardino di limoni, con le sue piante negli orci tradizionali, i bordi di bosso e i muri festonati di glicine e di rose. La villa è in stato di eccellente manutenzione per merito dei signori Clifford.

Un'altra villa incantevole press'a poco dello stesso periodo deve il suo ripristino, o meglio la sua rinascita, all'entusiasmo inventivo dei signori Boissevain. Al pari di tante altre vecchie case fuori città — e questa sorge in cima a un viale di cipressi oltre la Certosa, sulla strada dell'Impruneta — era probabilmente una casa colonica fortificata quando, nel 1487, Niccolò degli Antinori la comprò per farne una residenza campestre. Si chiama anche oggi Villa Antinori delle Rose, e rimase nella famiglia fino al 1937. Gravemente sfregiata durante l'ultima guerra dalle forze d'occupazione, era ridotta a fantasma di se stessa quando i Boissevain furono conquistati dal suo fascino corroso e dalla rustica posizione in mezzo a vigne e oliveti, senza contare il cortile ch'è quasi una piazza e l'adattabilità dell'interno. Imperterriti malgrado le sue condizioni precarie, essi l'acquistarono nel 1958 e la restaurarono nei più minuti particolari con l'aiuto del Conte Niccolò Rucellai; perfino delle finestre ch'erano state ingrandite nel secolo scorso, furono ridotte com'erano nel sedicesimo. L'ampio cortile in mezzo alla villa e alla costruzione più antica con la sua torre quadrata, fu ripavimentato da cima a fondo; si riseminarono i prati e le aiuole, invasi dalle erbacce, e infine si costruì una piscina rotonda sotto la torre.

L'edificio principale a due piani si distingue per la graziosa loggia dalle esili colonne grigie che masse di azalee e di gardenie ravvivano nella loro stagione. Il luogo intero emana un'atmosfera festosa, accentuata dalla sala da ballo secentesca con le sue porte dipinte a trompe l'oeil, che rievocano follie rococò; le porte vere, incorniciate di stucco, a un'occhiata superficiale si potrebbero confondere con quelle finte. La porta vetrata che vi immette è ripetuta anch'essa in trompe l'oeil, e sotto il soffitto a volta c'è un balcone per i violinisti del tempo che fu; accanto a questa c'è una sala da musica affrescata con paesaggi e

149

architetture alla maniera del Bibiena e, di fronte, una sala da pranzo i cui affreschi rappresentano Apollo e il suo cocchio nel soffitto, e Diana col suo seguito di cacciatori nelle pareti, secondo la frivola moda settecentesca, mentre una stanza da pranzo più piccola è adorna di grottesche tradizionali, bestie alate, grifi e medaglioni. Uccelli, insetti e farfalle svolazzano sulle pareti color crema e ocra della sala da gioco in stile pompeiano. Questa è una fra le più gaie delle ville fiorentine, e i suoi proprietari ne condividono generosamente le delizie con gli ospiti.

Se mi si domandasse quale giardino dei dintorni di Firenze è il più poetico, risponderei senza esitazione quello di Villa Gamberaia. E se mi si domandasse quale villa eccelle sulle altre per la schiettezza toscana della sua architettura, risponderei i Collazzi. Sia la prima che la seconda son state tanto lodate, e a giusto motivo, dagli esperti più perspicaci, che resta solo da aggiungere al loro il nostro totale consenso. Tutte e due poi son state copiosamente descritte e riprodotte, e posseggono quella virtù dell'inevitabilità riservata ai trionfi in cui il giardiniere e l'architetto hanno risolto così felicemente il comune problema, che il critico non potrebbe concepire una soluzione migliore.

Nella sua semplicità disadorna, Villa Gamberaria agisce da contrasto ideale al complicato ricamo del suo giardino. Quest'ultimo è invisibile da lontano, come nella stampa dello Zocchi, e vi si arriva seguendo uno stretto sentiero che parte da Settignano, culla di tanti grandi scultori del Quattrocento. Con le sue gronde aggettanti e gli spigoli di pietra serena, la costruzione a due piani si differenzia da altre di specie analoga per l'aggiunta di agili arcate a nord e a sud. Quantunque abbia le caratteristiche di un edificio cinquecentesco, risale al principio del Seicento. Nessuno s'immaginerebbe mai che questa villa sia risorta dalle proprie ceneri come l'araba fenice (fu infatti completamente sventrata durante l'ultima guerra) perché il suo proprietario attuale l'ha restaurata con un'integrità così scrupolosa, che appare, se possibile, più bella di prima per un miracolo di ricostruzione estetica.

Tutti i proprietari precedenti dovettero amare Villa Gamberaia, giacché la sua precipua qualità è una serena armonia di liquidi specchi e ritmiche piante. Si vuole che il suo nome abbia origine da un vivaio di gamberi, quando invece non derivi dalla famiglia Gambarelli, che annoverò fra i suoi membri i geniali scultori e architetti Bernardo e Antonio Rossellino, nati ambedue nei dintorni; ma un'iscrizione del 1610 c'informa che la villa appartenne a Zanobi Lapi, specificando che ne fu il fondatore. I contratti per l'acquisto d'un certo numero di sorgenti e per il diritto di convogliare le acque attraverso le tenute finitime rivelano che la famiglia Lapi non badò a spese per fornirne in abbondanza al suo giardino, dando così modo ai padroni successivi, Antonio e Piero Capponi, di disegnarlo in sofisticato stile settecentesco. Grazie a questa saggia precauzione, il giardino ha un'aria di freschezza perenne. Nes-

150

sun verde tappeto erboso potrebb'essere più verde della sua striscia di prato, che si srotola sull'intera lunghezza del terreno come un corridoio tra la facciata posteriore della casa e un muro inclinato, che coronano statue e vasi: un muro capace di stimolare un Leonardo a compiere mirabili scoperte. Le sagome delle piante contro il suo sfondo ricordano certi dipinti cinesi. In mezzo a vecchi nodosi cipressi, a un'estremità di questo viale verdeggiante, c'è una fontana ad arco in bugnato incrostata di stalattiti e sovrastata da un folto di lecci come a Castello, ma di più intime proporzioni; indubbiamente vi si danno convegno fauni e ninfe. All'estremità opposta c'è una balaustrata con una statua in mezzo a obelischi di pietra, e da lì si domina un'ampia veduta della valle dell'Arno e di colli lontani. Un cancello di ferro battuto, il cui intricato disegno ripete il motivo del giglio di Firenze, si apre nel muro di sostegno sopra un giardino segreto d'una malia travolgente: una fontana in una grotta, statue rococò, obelischi e gradini balaustrati, che conducono a un orto di limoni e a uno stanzone di custodia. Questo giardino della grotta è uno dei più graziosi boudoirs all'aperto che si possano immaginare, ma il salone principale del giardino è addirittura spettacoloso: un parterre oblungo di vasche geometriche incorniciate di bosso in svariati disegni intorno a una fontana centrale rotonda, e divise da vialetti con vasi di geranii e conche di limoni. Queste vasche riverberano un tale tripudio di tinte scintillanti, che l'occhio ne resta abbagliato prima di poter assorbire tanti preziosi particolari: la stella in mosaico sul selciato, i motivi ornamentali di pietra e gli immacolati lavori topiari. È una distesa di specchi orizzontali, terminante in un'arcata teatrale di cipressi pareggiati, con panche di pietra che favoriscono la contemplazione, al di sopra d'un laghetto semicircolare dove galleggiano le ninfee.

Nonostante la giudiziosa selezione dei fiori, questi non sono indispensabili, perché l'ordinamento delle vasche simmetriche protètte da uno schermo di tasso pareggiato e l'arcata terminale che s'apre sulla valle turchina e sui colli lontani d'un celeste pallido, fondono la natura con l'arte a un grado supremo. In nessun altro luogo della mia memoria liquido e solido son stati mescolati con altrettanta raffinatezza in una dimensione che è umana e tuttavia grandiosa senza pomposità. Alla lunghezza del tappeto erboso contrasta la larghezza del giardino d'acqua, e l'uno e l'altro muovono verso un apogeo panoramico. Si resta con un'impressione duratura di serenità, dignità e beato riposo. Tutti gli amanti dei giardini debbono esser grati all'odierno proprietario di Villa Gamberaia per averne sanate le ferite di guerra con un'arte così magistrale.

Alla villa I Collazzi è toccata la stessa fortuna. In questo caso abbiamo un esemplare compiuto d'architettura tardorinascimentale applicata a una casa di campagna: di musica trasposta, piuttosto che irrigidita, nella pietra. Torna in mente ad un tratto la massima di Sir Henry Wotton: « Per ben costruire occorrono tre requisiti: Comodità, Stabilità e Diletto ». A preferenza di tutte le ville toscane che conosco, non escluse quelle dei Medici, i Collazzi sono un centro focale alla cui volta questi singoli scopi hanno potuto convergere in un unico risultato. Non recano il nome dell'architetto, ma lo si legge da cima a fondo nella mano di un grande maestro.

In posizione superba su colli rivestiti di pini e di querce lungo la vecchia strada serpeggiante che conduce a Montegufoni e a Volterra, questa villa è una calamita irresistibile per chiunque vi passi davanti. Di una maestosità più unica che rara, autorizza a ritenere fondata la tradizione che ne attribuisce il disegno a Michelangelo, poiché questi era in rapporti di familiarità con Agostino Dini, che ne promosse la costruzione. Se Michelangelo non fu presente fisicamente, lo fu nondimeno in spirito. Il disegno è la sola testimonianza che possediamo, ma non basta a soddisfare quei critici che lo ascrivono a Santi di Tito (1526-1603), un allievo del Bronzino e di Baccio Bandinelli. A noi che conosciamo l'opera di Santi di Tito, un interessante campione della quale si trova nella cappella dei Collazzi, par difficile credere ch'egli fosse interamente responsabile di questo capolavoro del « ben costruire », quantunque sia possibilissimo che lo abbia eseguito dietro ispirazione di Michelangelo, nonché, potremmo aggiungere, del Brunelleschi, perché scaturisce dalla stessa pura sorgente. Le linee dell'edificio danno una sensazione esaltante di nobiltà e di elevatezza. Un basso parapetto su alte mura a bastione delimita la terrazza da cui esso si erge: a nord una doppia fila di logge circonda tre lati di un cortile aperto, con due pozzi, una balaustrata imponente e una duplice scalinata custodita da due leoni di pietra che reggono uno scudo con lo stemma. Da una porta di questo cortile si passa nella cappella della famiglia Dini, con la pala d'altare di Santi di Tito che rappresenta le nozze di Cana, datata 1593 e dipinta manifestamente sul luogo perché l'artista vi ha inserito la lunga arcata del cortile che poteva vedere dalla finestra della cappella. Le pareti e il soffitto di quest'ultima sono affrescate da Vincenzo Meucci e Rinaldo Botti nello stile di Sebastiano Ricci. La facciata a sud contiene due logge d'incomparabile leggiadria, composte di triplici archi divisi da coppie di sottili colonnine. Il complesso architettonico dell'entrata, col portone listato a bugne e lo scudo che lo sormonta, sono ugualmente notevoli. A una costruzione di qualità così monumentale non occorre un giardino, e la cima su cui essa s'innalza è relativamente stretta: la riflette uno specchio d'acqua su un prato spazioso, e un folto di cipressi la separa dagli attigui vigneti.

Sorgeva sul posto una fortezza dei Buondelmonti (tristemente noti per le loro faide medioevali) che Baccio e Agostino Dini comprarono dai loro discendenti nel Cinquecento. La famiglia Dini ebbe il privilegio

di aggiungere *della Libertà* al proprio blasone fin dal 1375, quando cioè Messer Giovanni Dini fece parte degli Otto della Guerra, soprannominati altresì « Gli Otto Santi » a causa della fermezza e dell'abilità che dimostrarono nella guerra contro Papa Gregorio XI, guerra che sfociò nella partenza della Corte papale da Avignone. Analogamente ai Medici, anche i Dini erano venuti a Firenze dal Mugello sui primi del Trecento e vi avevano fatto fortuna esercitando il mestiere di banchieri. Sebbene ricoprissero cariche importanti sia in patria che all'estero, rimasero sempre di salda fede repubblicana, sprezzanti dei titoli. Ebbero fini pratici oltreché artistici quando acquistarono la tenuta, circondata da fertili vigneti e oliveti: alla loro casa di campagna doveva essere annesso un podere fortemente produttivo: ecco il perché delle ampie cantine, dei depositi del grano, del frantoio intatto ancor oggi con le sue macine massicce per schiacciare le olive e con le ruote messe in movimento da un asino alla sbarra. L'acqua piovana era raccolta in una cisterna sotto il cortile. Tutte le pietre necessarie alla costruzione provennero dalle cave dei paraggi. Si calcolò scrupolosamente ogni particolare dalle fondamenta al tetto, e ciò malgrado l'effetto globale è un trionfo di logica estetica senz'ombra di revisioni o esperimenti.

I Dini continuarono a rinforzare la villa per oltre mezzo secolo, ma può darsi che a un certo punto fossero rimasti a corto di fondi perché l'ala sinistra rimase incompiuta fin quando gli attuali proprietari, che l'acquistarono nel 1933, completarono la facciata. Entrambe le ali sono oggi simmetriche, e tanta è l'abilità con cui son state collocate le finestre dalle cornici di pietra serena, che a nessuno passerebbe mai per la testa il sospetto che si tratti di aggiunte così recenti. Nell'incisione dello Zocchi l'ala incompiuta termina in fabbricati rustici che facevano parte dell'antica casa colonica.

L'interno della villa è degno dell'esterno: le stanze dagli alti soffitti a volta conservano le porte originali di noce con le montature di ottone e i monumentali camini di pietra serena, e si susseguono in una fuga prospettica splendidamente equilibrata. Nulla fu virtualmente cambiato fin verso la metà del Settecento, quando Medea Castelli sposò un Dini. Fu lei ad aggiungere la doppia scalinata che dalla terrazza esterna sale al cortile, e fu lei ad ordinare al Meucci di affrescare la cappella con un'*Assunzione di Sant'Agostino,* il patrono della famiglia Dini, e ad arredare la villa in stile dell'epoca. Medea Dini aveva inoltre un debole per le iscrizioni commemorative in latino. Vicino al pozzo di destra nel cortile leggiamo: « Atrium hoc / Vetust exes / Maria Medea Castellia Dina / proprio aere st / An. D. MDCCLIV ». Altre iscrizioni sono debitamente edificanti, come nell'ingresso principale: « Deus nobis haec otia fecit », e, sopra la porta destra del medesimo: « Mox laetae de more dapes / post prandia laudi ». Sopra un'altra porta leggiamo: « Nunc incumbe thoris et pingues exige somnos », mentre su

*I Collazzi: incisione
dallo Zocchi*

un'altra ancora, a sinistra, veniamo così esortati: « Ite instat solemne sacrum / prosperate ministri ».

I Dini occuparono la villa fino alla metà del secolo scorso. Di solito si piantavano raramente gli alberi accanto alle ville toscane perché si ritenevano insalubri, ma l'ultimo membro della famiglia che ancora possedeva I Collazzi sui primi dell'Ottocento aveva sposato una Contessa Boutourline di origine russa (a Firenze, fino alla prima guerra mondiale, la colonia russa era assai numerosa), che aveva la passione nostalgica di veder alberi in abbondanza vicino alla casa. Quelli da lei piantati raggiunsero un'altezza considerevole, ma molti furono abbattuti dai bombardamenti durante l'ultima guerra.

Dopo che ai Dini, I Collazzi appartennero per quasi un secolo ai Conti Bombicci, e quando i fratelli Marchi comprarono la villa dai loro successori, nel 1933, vi rimaneva la maggior parte della mobilia fatta a suo tempo per la famiglia Dini, ivi compresi dei letti di dimensioni ciclopiche, con gran vantaggio dell'atmosfera locale d'autentico « periodo ». Benché, nel corso della guerra, fosse fuori del settore operativo e rispettata dalle forze armate, soffrì dei bombardamenti incessanti cui fu sottoposta nell'agosto del 1944; non irreparabilmente, tuttavia, ché la famiglia Marchi la restaurò con ammirevole meticolosità e piantò altri alberi per rimpiazzare i caduti. Si renda dunque tutto l'onore che spetta a chi si è tanto adoperato in pro di Firenze.

Sia Gamberaia che i Collazzi sono abbastanza lontani dalla città e nei tempi in cui non esistevano le automobili la distanza doveva sembrare molto maggiore.

Santi di Tito, che fornì un contributo così prezioso alla costruzione dei Collazzi, ha lasciato la propria impronta anche in un'altra villa più vicina a Firenze, la cui loggia simile a un tunnel è visibile da miglia di distanza. Sopra un ripiano di roccia addossato a una balza boscosa di

166

Fiesole, in una posizione romantica come quella della vicina Villa Medici e dominante un panorama non meno magnifico, la villa di San Michele alla Doccia ebbe una lunga storia prima di diventare l'asilo ideale delle coppie in luna di miele.

Nel 1411 Niccolò Davanzati comprò la proprietà per alcuni terziari francescani. Consisteva in « un podere con casa, cortile, forno, fontana e terreni, vigne, alberi e boschi nel luogo chiamato alla Doccia » perché vi scorreva sotto un ruscello formato da un canale che scendeva da Fiesole. Le condizioni stipulate nell'atto di vendita specificavano che Fra Francesco e Fra Ventura avrebbero costruito un oratorio e un dormitorio per almeno sei frati, nel lasso di trenta mesi, e che, in riconoscimento del patronato dei Davanzati, avrebbero dedicato l'oratorio a San Michele Arcangelo; s'impegnavano inoltre a consegnare annualmente, nel giorno di San Michele, una libbra di cera ai loro benefattori. Un curioso dettaglio dell'atto di acquisto stabiliva la procedura da seguire per immettere l'acquirente nel possesso della nuova proprietà: il notaio apre e chiude la porta della casa, pone la spranga della porta in mano al compratore, prende una manciata di terra e d'erba e un rametto spezzato sul luogo, e glieli posa sulle ginocchia; il compratore poi, fatto il suo ingresso nella casa e nelle terre annesse dichiara che s'impegna a custodire quei beni non soltanto con l'anima, ma anche col suo corpo medesimo.

Stando a un'antica cronaca*, il luogo rimasto abbandonato per un certo tempo, dopo che un monaco fu ucciso da un confratello, e nel 1483 lo si assegnò ai Minori Osservanti (stretti seguaci dell'ordine francescano); rimase in loro custodia fino al 1808, quando furono soppressi.

Nel 1596 Giovanni Davanzati restaurò e ingrandì il monastero, e secondo un contratto rinvenuto fra le sue carte tutti i lavori necessari furono affidati a Michele del Barba, scalpellino in Fiesole, per un dato prezzo, in base a disegni di Santi di Tito. S'impiegarono inoltre vari artisti per l'arme gentilizia dei Davanzati e per altri particolari.**

Nel 1808, quando le truppe di Napoleone occuparono Firenze, il generale Dauchy ordinò la soppressione delle comunità religiose, e un altro francese, il prefetto del dipartimento dell'Arno, adibì San Michele a *maison de plaisance*. Ritornato dall'esilio, il Granduca Ferdinando III permise ad alcune monache dell'ordine benedettino di abitarvi fino al 1817, allorché ne decise la vendita al miglior offerente. Comprò la villa il dottor Frosini Martinucci, che la divise in appartamenti da affittare ammobiliati. Malgrado che le suppellettili fossero state rimosse nella gran maggioranza, la chiesa fu risparmiata, e un parterre all'italiana con solide mura di sostegno rimpiazzò l'orto dei frati.

Un ripido e tortuoso sentiero sale fino alla facciata monastica dalle morbide linee, e sul fianco sinistro dell'edificio una loggia di undici archi ne percorre l'intera lunghezza verso il giardino e il bosco di lecci che guardano a sud. Quest'arcata singolarmente lunga è la gloria di San

A History of the Suppressed Convent of San Michele alla Doccia, Compiled and arranged by Eugenia Levi, Florence, 1909-1911, page 48.

** Op. cit. pagg. 70-75. A prescindere dalla quale il Frey, lo Steinmann e il Thode furono concordi nell'attribuire il disegno a Santi di Tito.

Michele. Nel 1901 la villa fu acquistata dal signor Henry White Cannon di New York, che vi apportò le comodità moderne con più entusiasmo che discrezione, coprendo il bel chiostro con un tetto di vetro. A causa della sua posizione strategica, durante l'ultima guerra essa fu invasa dagli eserciti di occupazione e subì danni inevitabili, ma in seguito la restaurarono con gusto il signor Lucien Teissier e sua moglie, che l'hanno adattata a soggiorno temporaneo dei viaggiatori capaci di apprezzarla.

La città è avanzata inesorabilmente verso altre ville ch'erano situate in aperta campagna quando furono costruite. Sesto Fiorentino, come implica il nome, era la sesta pietra miliare sulla vecchia strada romana di Prato, oltre il sobborgo industrializzato di Rifredi e le sovrastanti ville medicee, oggi più che mai un'arteria di gran traffico, con costruzioni moderne che hanno usurpato il posto di vigneti e oliveti. La località è famosa per le porcellane che si confezionarono per la prima volta nel 1735 a Doccia grazie allo spirito d'iniziativa del Conte Carlo Ginori; questi fece venire degli artigiani fino da Vienna, valendosi al tempo stesso di pittori e scultori locali per decorare i prodotti della sua fabbrica. Nessuno si aspetterebbe di scoprire a Sesto un giardino squisitamente sofisticato che si cela dietro un'opaca facciata di stucco grigio. Eppure dovremmo aver fatto l'abitudine a sorprese del genere in Toscana, dove ci si presentano tanti esempi di tesori nascosti dietro un'apparenza esteriore affatto impersonale.

Nel 1502 Simone di Jacopo Corsi acquistò la villa Corsi-Salviati dalla famiglia Carnesecchi, e un affresco di Bernardino Poccetti nell'interno ci permette di raffigurarcela com'era allora: un'irregolare costruzione quattrocentesca sormontata da una loggia spaziosa con una colombaia sul retro. Occupava il centro della facciata un portone rosso dalla cornice in bugnato e nicchie d'ambo i lati contenenti cani da guardia in pietra; quattro finestre simmetriche su mensole arrotondate si aprivano nel pianterreno, e due più piccole nei lati. Il giardino originale consisteva in un prato di forma quadrata, intersecato da vialetti che terminavano davanti a una vasca con un tritone. Esiste anche un affresco del cortile originale, fiancheggiato su tre lati da un'arcata che sosteneva una terrazza, ma questa, come la fontana della Fama zampillante da una base triangolare, poterono esser frutto della fantasia del pittore, benché l'insieme corrisponda approssimativamente al cortile odierno. Gli eredi dei Corsi continuarono ad ampliare e ad abbellire la villa e il giardino, finché entrambi furono trasformati radicalmente durante il Seicento.

Tutta la grazia dell'edificio si concentra nella facciata a mezzogiorno, antistante al giardino; qui vediamo il barocco toscano al suo apice, due belvedere simmetrici, ognuno con una statua in una nicchia, che s'innalzano sul blocco centrale a due piani, i bordi del tetto sormontati da balaustrate adorne di statue. La complessità dei parterres su un lungo

168

Corsi-Salviati:
incisione dallo Zocchi

tratto di terreno piano in luogo del più consueto pendio, compensa l'assenza di una ulteriore veduta. Viali inghiaiati e aiuole orlate di bosso, fontane e statue, conche di limoni, uno specchio d'acqua a forma di canale in corrispondenza della loggia ad ovest dei parterres e più oltre, ancora fiori e un parco. L'incisione dello Zocchi — una delle più riuscite — ne tramanda l'aspetto che aveva verso il 1740, non molto tempo dopo che la villa era stata rimodellata in stile barocco. Si nota una felice fusione dei primi elementi con quelli posteriori, e il passato sancisce il presente col proprio plauso.

S'ignorano i nomi degli architetti e degli scultori che lavorarono a Villa Corsi-Salviati, ma è probabile che ci avesse avuto mano lo scultore architetto Gherardo Silvani (1579-1675). Sfortunatamente sono scomparse le decorazioni interne di Baccio del Bianco. Tanto la casa quanto il giardino furono vittime della moda ottocentesca: nel 1865 la grande sala al pianterreno fu intonacata con affreschi accademici che raffigurano i quattro elementi, mentre all'esterno le statue, le siepi di bosso e le opere d'arte topiaria furono rimosse perché ritenute scarsamente romantiche, a favore di palme e d'altre piante esotiche. Camelie, gardenie, garofani, gelsomino doppio di Goa, gelsomino d'Arabia (conosciuto col nome di « mughetto del Granduca » perché era un'innovazione di Cosimo III) e il ranuncolo cosiddetto rosellina di Firenze, diventarono le specialità di questo nuovo giardino paesaggistico. La loro mescolanza di profumi e colori era un incanto, ma dal punto di vista estetico apparivano fuori luogo. Il Marchese Giulio Guicciardini Corsi Salviati, che ereditò la villa nel 1907, ebbe il buonsenso di ripristinare il carattere settecentesco fin dov'era possibile, ricollocando nel giardino la fontana centrale, le siepi di bosso e le conche dei limoni, e togliendone le serre e gli accessori botanici. Può darsi che agli orti-

169

cultori sfugga un sospiro, ma la bellezza del disegno è stata accentuata, mentre un campione frammentario del settore « all'inglese » sopravvive in mezzo a folti lecci e a un lago in miniatura.

Non c'è dubbio che Gherardo Silvani avesse disegnato l'impressionante villa dell'Ugolino sulla Via Chiantigiana. La facciata differisce singolarmente da quella d'altre case di campagna del Seicento; il suo portico centrale dalla triplice arcata fu infatti aggiunto nel secolo successivo, e sebbene possa richiamare alla mente l'ingresso di una cappella, ammorbidisce l'austerità dell'edificio più vecchio senza introdurvi una nota discordante, e chiunque vi passi davanti è tentato di gettare uno sguardo nell'interno. Un'iscrizione sopra la porta informa che questo portico fu costruito nel 1714 e restaurato da Giorgio Ugolini nel 1744; sotto altri aspetti rientra nella tradizione del Buontalenti, di grande sobrietà e dignità. Tutta la fantasia di questo artista-era riservata ai giardini, agli allestimenti scenici e ai fuochi artificiali; i suoi edifici erano invece notevolmente misurati, come la facciata a sud dell'Ugolino che dà sul giardino cintato da mura. Nell'interno, la sala grande è affrescata con allegorie incorniciate di stucco, dipinte e firmate nel 1691 da Attanasio Bimbacci, un prolifico decoratore e scenografo che godeva la protezione dell'allegro Cardinale Francesco Maria de' Medici. Il lungo viale di pini a est della villa ne accentua il carattere dignitoso.

In queste ville d'epoca più tarda non possono sfuggire all'osservatore i grandi cambiamenti verificatisi dopo le case coloniche fortificate dei primi del Quattrocento: cambiamenti da attribuirsi non soltanto alla crescente prosperità ma anche alla maggior sicurezza instaurata dal regno del Granduca Cosimo I. Le più pacifiche condizioni di vita si manifestano nel libero accesso a queste case circondate da vigne e da olivi. Sembra che le costruzioni si espandano nello spazio, che acquistino modi più raffinati. Invece dei muratori locali, s'impiegarono i migliori architetti, che disegnavano i loro progetti in armonia con lo sfondo. Il padrone trascorreva più tempo in campagna, a godersi la natura di per se stessa... senza contare i prodotti del suolo, la cui vendita arrotondava le sue entrate. E la figura dell'architetto aveva acquistato maggior importanza e prestigio. Il Granduca Francesco stava in piedi al cospetto di Michelangelo seduto e trattava il Buontalenti come un compagno di baldoria.

Le gronde aggettanti e il cortile tradizionali scomparvero grado a grado, e a quest'ultimo si sostituirono sale dalle volte a botte, con camini e porte di più vigoroso disegno. Mentre le pareti erano generalmente di pietra rivestita di stucco, molte venivano decorate con pannelli geometrici tracciati in graffito e delimitati da bande alterne di grigio più scuro o marrone. Gli aggetti stuccati delle porte e le modanature delle finestre diventarono più accentuati e adorni di mensole, volute, cartigli, balconi, balaustrate, parapetti con statue (come nella

170

villa Corsi-Salviati) e scalinate esterne da scenario d'opera (come alla Tana). Lo stuccatore lasciava le briglie sul collo alla sua fertile ingegnosità, in un'orgia di fiori e fogliame, cupidi, vasi, emblemi, urne, stemmi gentilizi in mezzo a drappeggi annodati. La stretta scala del Quattrocento fu ingrandita, allargata e posta in risalto, e diventò un elemento preponderante.

Dentro la stessa zona della villa Corsi-Salviati, nella pianura sotto alla Petraia, si trova un altro bell'esemplare del barocco toscano, la villa Corsini. È un edificio a due piani con un elegante frontone centrale, fiancheggiato da balaustrate con quattro vasi, e con un orologio e un balcone sopra la porta d'ingresso. Le finestre simmetriche di vario disegno sono divise da rudimentali pilastri di stucco. Disgraziatamente la villa è disabitata da un pezzo, e questo le conferisce un'aria alquanto derelitta. Dopo che gli Strozzi l'ebbero venduta ai Rinieri nel 1460, appartenne a parecchie nobili famiglie, compresi i Medici e i Manfredini, finché, nel 1687, fu comprata dai Corsini. Probabilmente questi ultimi la fecero ingrandire e modernizzare da Antonio Ferri, che costruì la grandiosa scalinata e il salone da cerimonie del loro regale palazzo sul Lungarno.

La famiglia principesca dei Corsini fu strettamente collegata con la storia di Firenze fin dal dodicesimo secolo. Nel 1371 l'Imperatore Carlo IV creò conte palatino il capo della dinastia; nel 1629 fu canonizzato Andrea, il pio vescovo di Fiesole; nel 1730 il Cardinale Lorenzo Corsini fu eletto papa col nome di Clemente XII e conferì il titolo di principi romani ai familiari, che due anni dopo divennero grandi di Spagna. Villa Rinieri non fu che uno dei loro acquisti secondari, ma presenta un notevole interesse per noi inglesi, perché vi abitò e vi morì Sir Robert Dudley (1574-1649), uno dei nostri esuli dalla vita più avventurosa. Figlio di quel favorito della Regina Elisabetta, il Conte di Leicester, che sconfessò il proprio matrimonio con la madre di lui, Lady Douglas Sheffield, risentì nel carattere e nella carriera di un simile ripudio, che gettava l'ombra del dubbio sulla sua legittimità. Smanioso di competere con i grandi navigatori, Dudley si distinse in una spedizione all'Orinoco e fu investito cavaliere dopo la presa di Cadice, ma cadde in disgrazia a Corte perché era in lega con il Conte di Essex. Alla morte del padre s'infransero le sue deboli speranze di una promozione. Leicester lo rinocobbe per erede e gli lasciò il patrimonio, ma dopo aver perso la causa che avrebbe dovuto dimostrare la sua legittimità, Dudley ottenne il permesso di viaggiare all'estero, e nel 1605 se ne andò dall'Inghilterra.

La sua, fu più una fuga che una partenza, giacché lo accompagnava Elizabeth Southwell, una cugina diciannovenne, damigella d'onore della sovrana, travestita da paggio. Siccome Dudley aveva già moglie e cinque figlie, il rapimento suscitò uno scandalo, che crebbe quand'egli si

Rinieri (Corsini): incisione dallo Zocchi

fece cattolico e passò a nuove nozze con il bel paggio, presumibilmente in seguito a dispensa papale. Assunse quindi i titoli di Conte di Warwick e di Leicester e si rivolse al Granduca Ferdinando I de' Medici per averne la protezione e il permesso di stabilirsi a Firenze. La sua conversione si rivelò un vantaggio pratico oltreché spirituale, dato che il Granduca, essendo un ex cardinale, conservava un notevole ascendente a Roma. La lunga pratica di Dudley in fatto di costruzioni navali e nel campo della scienza nautica servì da ulteriore raccomandazione presso Ferdinando; il Granduca era risoluto a sgominare i pirati che infestavano il Mediterraneo, e Dudley gli dichiarò le proprie qualifiche senza falsa modestia in una lettera nella quale si impegnava a far della Toscana la padrona del Levante.

Dopo aver esaminato a fondo le sue pretese il Granduca decise di assumerlo al proprio servizio. Nel 1607 Dudley giunse a Livorno, che Ferdinando aveva trasformato in porto franco e rifugio di quanti erano oggetto di persecuzione per il loro credo. Al primo incontro a Firenze fra i due, il Granduca rimase talmente impressionato dalla personalità di Dudley, che gli affidò la direzione dei cantieri e dell'arsenale di Pisa oltreché di Livorno.

Trascorso un certo periodo a Pisa, Dudley si trasferì a Firenze, dove lui e sua moglie furono ricevuti affabilmente dalla Granduchessa Cristina, figlia del Granduca Carlo di Lorena. Quando arrivarono in Inghilterra le voci in merito alle varie attività di Dudley, gli fu spedito un ordine contrassegnato dal sigillo reale, che lo richiamava in patria. Dudley lo respinse con disprezzo perché l'indirizzo non recava il titolo di Conte di Warwick, « tenendo così in non cale », spiegò, « le giuste pretese e il diritto che rivendico, d'esser figlio ed erede legittimo di mio padre ». Re Giacomo reagì all'affronto confiscando i suoi beni.

172

Nel frattempo Dudley stava costruendo un galeone di sessantaquattro cannoni, arruolando maestri d'ascia ed equipaggi inglesi e raccogliendo il necessario armamento. La flotta toscana era composta in prevalenza da marinai inglesi, che preferivano prestar servizio all'estero piuttosto di subire la coscrizione forzata in patria. Bona, la base strategica dei pirati in Algeria, fu presa d'assalto nell'anno stesso in cui Dudley era stato assunto, e nel 1608 il suo nuovo galeone, il « San Giovanni Battista », contribuì a sconfiggere un'armata turca, catturando nove vascelli, settecento prigionieri e un tesoro valutato due milioni di ducati.

Dudley provvide inoltre a prosciugare le paludi vicine a Livorno e ad accrescere l'efficienza del porto. Il suo cervello era tutto un fermento di progetti pratici: nel 1610 gli fu concessa la patente di un'invenzione intesa a perfezionare la manifattura della seta. Inventò perfino una polvere medicamentosa, chiamata *Pulvis Comitis Varvincensis,* a proposito della quale un medico pisano, il professor Cornacchini, scrisse: « L'aver sgomberato i mari italiani da barbari e malvagi pirati non fu un maggior beneficio da lui fatto al genere umano, dell'aver combattuto e sterminato gli umori nocivi che lo affliggono e cagionano le infermità ».

La posizione di Dudley presso la Corte toscana fu rafforzata dall'affetto che nutrivano per sua moglie e per i suoi figli la Granduchessa Cristina e la nuora di lei, l'Arciduchessa austriaca Maria Maddalena, cosicché, morto Ferdinando nel 1609, il suo prestigio aumentò ancora, immune dalle solite invidie e trame di palazzo. Il giovane Granduca Cosimo II lo considerava un uomo insostituibile e lo manteneva continuamente occupato. Dudley riuscì nondimeno a trovare il tempo di comporre alcuni trattati navali e d'architettura sulla fortificazione dei porti. Fu nominato Gran Ciambellano di ambedue le Granduchesse, e autorizzato a dimorare nella maestosa Villa Rinieri fino alla fine dei suoi giorni. Per far cosa grata alla sorella toscana, l'Imperatore Ferdinando II gli conferì il titolo di Duca di Northumberland, riconoscendolo quindi erede legittimo di suo nonno. Il papa Urbano VIII lo creò patrizio romano. Questi onori contribuirono a consolare Dudley della perdita di Kenilworth e dei possedimenti inglesi, ma i suoi guadagni erano appena sufficienti a coprire le spese.

Nel 1621, quando morì Cosimo II, le Granduchesse diventarono coreggenti e Dudley rimase il loro consigliere di fiducia durante la minore età del Granduca Ferdinando II. Dieci anni dopo scoppiò la peste, e ne furono vittime la figlia diciottenne e il figlio maggiore Cosimo, un promettente capitano della guardia del corpo del Granduca, di appena vent'anni: due colpi fatali a Elisabeth Southwell, che aveva da poco dato alla luce il tredicesimo figlio. La perdita della devota compagna d'esilio fu la più dura da sopportare per Dudley, che si ritirò

173

nella sua villa dove riscrisse in italiano i trattati di navigazione e di edilizia navale; e tentò di alleviare il dolore disegnando centinaia di carte, mappe, diagrammi e modelli di strumenti nautici. Questa raccolta monumentale, intitolata *Dell'Arcano del mare*, uscì tra il 1646 e il 1647, e sebbene le nozioni tecniche ivi contenute siano ovviamente superate, è ritenuta preziosa dai bibliofili per il suo corredo di eccellenti incisioni. Dudley andava giustamente fiero del proprio *magnum opus*: dopo il frontespizio, stampò la patente dell'Imperatore che confermava il suo diritto al titolo di Duca del Northumberland. Morì a Villa Rinieri nel 1649, tipico elisabettiano sopravvissuto a quell'epoca eroica.

Allo stesso periodo di questa villa, oggi lasciata in abbandono, risale La Tana, ammirevolmente conservata, la cui soave facciata settecentesca di stucco roseo e marrone dorato sorge sopra Candeli in vicinanza dell'Arno, a mezzogiorno della città. Sappiamo che fu costruita sul luogo d'una casa del Quattrocento, con quattro torri negli angoli di cui una è superstite, ma è cambiata pochissimo dopo che lo Zocchi la raffigurò in un'incisione, nonostante le libertà che l'artista si prese nel disegno. Ne erano stati proprietari i Bucelli di Montepulciano e i Landi di Castellina in Chianti fino al 1570, allorché la comprarono Piero di Ser Zanobi Buonaventuri e sua moglie Bianca Cappello: Bianca, allora ventisettenne, era già l'amante del Granduca Francesco I, che evidentemente contribuì all'acquisto. Due anni dopo, il dissoluto marito di lei fu ucciso in una rissa — secondo altri, invece, nel 1574, con la complicità di Francesco — e Bianca vendette La Tana all'ospedale di Santa Maria Nuova. Era allora un convenzionale edificio a due piani con un salone al centro, circondato da mura simili a quelle d'una fortezza. Nel 1631 l'ospedale lo cedette a livello al Barone Ricasoli, di antico ceppo lombardo, e i suoi successori ne modificarono l'austerità cinquecentesca; ma i cambiamenti più radicali vi furono fatti nella prima metà del Settecento dall'architetto Filippo Billi (1700-1781). La facciata principale fu decorata con statue e vasi di terracotta sormontati da un orologio, mentre il salone centrale venne spostato al primo piano, sostituendo al pianterreno due arcate con balconi di ferro battuto per salirvi direttamente. Come a Poggio a Caiano, si aggiunsero una doppia scalinata curva all'ingresso, e un colonnato con porte simmetriche sui due lati che conducono alle cantine dal soffitto a volta. Ariosi affreschi che rappresentano porti con navi in mare, ispirati alla vecchia Livorno e incorniciati di stucchi in tinte pastello, adornano il salone centrale. Questi affreschi, a firma di Antonio Cioci, recano la data 1770. Nell'Ottocento il Marchese Fossi apportò alla Tana ulteriori modifiche, compresa l'aggiunta di una cappella a destra della facciata. Il suo proprietario attuale l'ha restaurata e abbellita, dedicando una cura speciale al giardino sul retro, ch'è diventato famoso per le rigogliose varietà d'iris e di azalee. Un filare di slanciati cipressi conduce verso un folto bosco sulla cima della collina. Oggi la Tana ospita una raccolta di antiche ceramiche cinesi, unica in Italia.

Fra le ville dai connotati tardosettecenteschi, ma di fatto anteriori di almeno un secolo, una delle più seducenti è quella distinta dal nome curioso di Selva e Guasto, derivato probabilmente da una o più case coloniche che sorgevano nella zona in cui era stato abbattuto un bosco. Situata sotto la villa Capponi di Arcetri, nei pressi del Viale Michelangelo, la ripara una solida cortina di cipressi conferendole un'aria d'isolamento che svanisce non appena si entra nel giardino all'italiana, ravvivato da smaglianti limoni disposti simmetricamente in mezzo a semicerchi di sempreverdi stilizzati e alte siepi di bosso tagliato in sagome decorative. La facciata lunga e bassa dalle numerose finestre, coronata da un frontone curvilineo con vasi, alla quale si accede da una doppia scalinata, è graziosa, gaia e accogliente. Accanto, sulla destra, c'è una cappella privata del Seicento, adorna di festoni di glicine.

In origine la villa era appartenuta alla famiglia Galilei, ma i suoi attuali proprietari la ereditarono nel 1919 dalla Principessa Dolgoroukoff, e lo spazioso salotto che dà sul giardino contiene romantici ritratti ottocenteschi dei suoi genitori, nonché degli antenati per parte femminile dei proprietari suddetti: Simon Bolivar, il « Liberatore », e il Generale Francisco Miranda, eroi del Venezuela. Così la Russia imperiale e l'America Latina rivoluzionaria s'incontrarono in una villa fiorentina, con sommo stupore dell'ultimo re di Spagna quando venne a visitarla.

Le amene ville di questo tipo cominciarono a proliferare nel Settecento e nell'Ottocento. Non possiamo evidentemente includerle tutte in questo volume, giacché abbiamo dovuto trattare il nostro soggetto secondo il criterio della selezione rappresentativa. Dopo l'estinzione dei Medici, anzi già da un certo tempo prima di quel triste evento, la Toscana aveva assunto una fisionomia placidamente provinciale, e fu sfiorata a malapena dalla bacchetta magica unificatrice (per quanto concerneva le belle arti) che colleghiamo con la *douceur de vivre* antecedente alla rivoluzione francese. Questa bacchettta prese ad oscillare da Roma sul resto dell'Europa, con vibrazioni alterne d'un crescendo di qua, d'un diminuendo di là. Mentre lo Stile Grandioso sopravviveva in alcune parti d'Italia, esso era cesellato e limato e impreziosito nella Francia del Petit Trianon di Gabriel, che ha finito col simboleggiare il buon gusto settecentesco nel campo dell'architettura. In confronto alla Francia di Madame de Pompadour, la Toscana dei rampolli dell'Imperatrice Maria Teresa appariva spenta e prosaica. Soltanto in musica l'Italia conservava tuttora il primato, anche se presto sarebbe stata superata dalla Germania.

Durante il mezzo secolo in cui dimorò a Firenze come ambasciatore britannico, Sir Horace Mann scrisse centinaia di lettere all'amico Horace

Walpole, lettere che, malgrado le « esecrabili ripetizioni » e la sciatteria dello stile, ci offrono molte e minuziose vignette sulla vita fiorentina dell'epoca. Non prima d'aver visto l'albero genealogico della famiglia Mann appeso nel salotto del diplomatico, i fiorentini rimasero pienamente convinti della sua nobiltà. Eppure la società fiorentina non vantava natali più nobili di quella francese descritta da Diderot nelle lettere a Sophie Volland, ed era assai meno divertente.

La Principessa De Craon, moglie del vicereggente del Granduca in assenza di quest'ultimo, era stata una contadinotta che menava i tacchini nel campo prima che il Duca Leopoldo di Lorena ne facesse la sua amante, e aveva sposato Monsieur de Beauvau, tutore del figlio di lui, innalzato dall'ex pupillo alla dignità di Principe del Sacro Romano Impero. Sotto l'egida d'una dama di tal levatura, il tono della società non poteva essere più raffinato di quando il potere era in mano del dissoluto Gian Gastone de' Medici, e le lettere di Mann raccontano un certo numero di scandali meschini sul tipo di quello che segue. Nell'agosto del 1748 Mann scrisse: « È accaduto un incidente che ha inasprito a un grado estremo il mio umore, e mi ha quasi indotto ad abolire le conversazioni in casa mia... È tempo che vi narri come una certa Contessa Ubaldini, che per le sue mattane fu bandita dallo Stato Pontificio, s'immaginò di aver visto la Bocchineri che faceva qualcosa sopra una panca d'un vialetto [nel giardino di Mann] assieme al Conte Acciaiuoli, il Canarino [perché veniva da Madera], capace di offendere il pudore di chicchessia, ma quell'infame femmina non contenta di pasciersi gli occhi e la fantasia, condusse parecchie persone nel medesimo viale per osservare ciò ch'ella sola poteva vedere. La storia non fece scalpore quella sera, e io non ne seppi nulla, ma la sciagurata la rese tosto di dominio pubblico e ingaggiò un vile poetastro, un *garde noble* [al servizio dell'Imperatore nella sua qualità di Granduca], affinché componesse un sonetto nel quale tutto era descritto nelle più vivide tinte, e che fu distribuito quasi subito. Uno lo ebbi e lo soppressi, ma trovandomi dal Principe Craon alla Petraia, dove si alluse alla calunnia e al sonetto, quella sera stessa si mormorò in città ch'io avessi fatto menzione della prima e letto pubblicamente il secondo. Questa voce, la sparsero due persone cui avevo avuto l'opportunità di usare molte cortesie. Io fui, peraltro, l'ultimo a sapere quant'erano adirate le dame con me, e che i loro mariti gli avevano proibito di venire nel mio giardino per paura che si trovassero soggette alla stessa calunnia, eccetera eccetera. In conclusione: la Reggenza scoprì l'autore del sonetto come pure il distributore di esso, entrambi della *garde noble,* e li bandì per sei mesi, e si crede che saranno espulsi dal reparto ».

Ma che differenza inaudita, un secolo dopo... Da un lato lo scultore William Wetmore Story definiva Firenze « nient'altro, quanto a spirito, che una Boston del Continente », dall'altro Hawthorne scriveva:

« Dubito che possa esistere al mondo un luogo ove la vita sia più deliziosa solo di per se stessa ». I Browning vi si erano stabiliti, ma li aveva preceduti Walter Savage Landor, che aveva comprato Villa Gherardesca a San Domenico, un edificio rettangolare quattrocentesco sormontato da una torretta al centro, « intorno alla quale il nibbio rotea perpetuamente in cerca di piccioni o di più piccola preda, sospinto nel suo libero avanzare, come pattinatore provetto, da spontaneo slancio ». La casa, oggi chiamata La Torraccia, doveva avere un suo fascino quando ci stava Landor, intento a collezionare quei Primitivi dal fondo d'oro dei quali i suoi amici si facevano beffa ma che in seguito sarebbero stati tanto più pregiati, o a piantar alberi o a colmare il giardino di fiori che non permetteva a nessuno di cogliere. È ben noto l'aneddoto su Landor che getta il cuoco dalla finestra e subito dopo se n'esce in un grido d'angoscia: « M'ero scordato delle viole! ». Turbolento nella condotta per quanto fu classico nelle sue *Imaginary Conversations,* egli era indubbiamente sincero quando scrisse: « Colui che abbia vissuto in questa terra non può amare una terra lontana. Qui respira un'altr'aria; vive una maggior copia di vita; un sole più fulgido invigorisce i suoi studi, e più serene stelle influenzano il suo riposo ».

Il disorganico Castello pseudomedioevale di Vincigliata sopra Settignano costituisce la più solida reliquia dell'età aurea della colonia forestiera di Firenze, ch'era composta in prevalenza d'inglesi. Il castello era un mucchio di rovine nel 1855, quando John Temple Leader lo comprò e lo fece ricostruire di sana pianta da un giovane architetto che grazie a lui aveva potuto frequentare l'università. Prima di allora Temple Leader aveva acquistato l'antica Villa Pazzi e parecchi poderi e case coloniche a Maiano, ma la ricostruzione di Vincigliata divenne lo scopo della sua esistenza. Guido Fancelli, il giovane architetto, era figlio del suo fattore, e secondo il Carocci* « fu interprete fedele dei desideri del colto e studioso gentiluomo », ma morì prematuramente nel 1867, prima di aver terminato la sua ardua fatica. La ricostruzione fu proseguita da altri, forse con criteri diversi. Oggi che conta oltre un secolo, il Castello di Vincigliata ha assunto la qualità pittoresca della scenografia di un'opera romantica.

Prima di emigrare a Firenze, Temple Leader era stato deputato radicale, ed è un controsenso ironico che si fosse messo a spendere tanto tempo e denaro per ricreare un'atmosfera improntata di feudalesimo: arrivò addirittura a coniare delle medaglie per celebrare la propria signoria su Vincigliata, e i nomi dei suoi numerosi ospiti di sangue reale, compresa la Regina Vittoria che dipingeva all'acquarello nel parco, furono incisi in pietra sulle mura del castello. Dobbiamo essergli grati per aver provveduto a rimboscare le colline e a proteggere il paesaggio, che pare identico al fondo degli affreschi di Benozzo Gozzoli aventi a soggetto la processione dei Magi. Disgraziatamente Temple Leader instaurò

* Guido Carrocci:
I dintorni di Firenze,
Firenze, 1908.

177

la moda delle ville costruite in stile pseudomedioevale, ma queste offendono meno la vista delle odierne villette prefabbricate.

Lord Westbury ereditò Vincigliata insieme alle fattorie e alle ville finitime, la più importante delle quali, grazie al suo recente proprietario, fu I Tatti. Nel 1905, quando Bernard Berenson li acquistò, I Tatti era un modesto fabbricato con pochi vecchi cipressi e piante di limoni su uno sparso pendio del colle sovrastante San Martino a Mensola. Berenson lo trasformò: commise all'architetto inglese Cecil Pinsent la ricostruzione della casa e il disegno del giardino, e i lavori durarono dal 1908 al 1915; la limonaia fu adoprata in funzione di collegamento fra il giardino cintato e quello nuovo all'italiana, digradante a terrazze fino a un bosco di lecci. E' quasi contemporaneo del giardino della Pietra, ma, come nei giardini ugualmente incantevoli di Villa Papiniano e Villa Sparta, ci si sente la mano di Pinsent. In altre parole, è anglofiorentino: le proporzioni, ed anche la precisione meticolosa dei particolari, sono più inglesi che fiorentine.

Berenson concepiva la sua casa come una biblioteca con stanze annesse, e tutto gravita infatti intorno alla biblioteca quattrocentesca da cui si passa in altre stanze e corridoi tappezzati di libri, che diventano sempre più numerosi man mano che si accumulano le pubblicazioni d'arte internazionali. A parte questo, l'interno è sobriamente e confortevolmente arredato, con scarsi elementi capaci di distogliere l'occhio dalla stupenda collezione di dipinti italiani del Tre e Quattrocento, a eccezione del panorama. Qui dentro, per oltre mezzo secolo, Berenson lavorò e meditò e ricevette i tanti suoi amici d'ogni paese, e per tutti coloro che lo conobbero il luogo vibra ancora della sua personalità. E davvero essa ne formava la principale attrattiva: molto tempo prima di morire, Berenson era divenuto, come diceva lui stesso in tono scherzoso ma veritiero, « un'istituzione, uno dei monumenti che il viaggiatore di passaggio deve vedere per forza durante la sua permanenza a Firenze ». Mediante il lascito della proprietà alla Harvard University, Berenson ha beneficato centinaia di studiosi dell'arte e creato un tempio di cultura viva.

La più riuscita tra le altre ville rimodellate e migliorate da Cecil Pinsent è la leggiadra Villa Sparta che appartiene a Sua Maestà la Regina Elena di Romania, il cui talento e entusiasmo per il giardinaggio sono davvero regali. Questa villa, che in origine era una casa del Quattrocento, fu restaurata con gusto deplorevole al principio del nostro. Grazie alla Regina Elena, ha riacquistato la primiera bellezza, che si dischiude all'improvviso in fondo a un viale serpeggiante, circondata da immacolati parterres di bosso e siepi di cipressi. Tutta la zona di San Domenico sotto Fiesole e negli immediati paraggi è cosparsa di dimore civili: civili nel senso che si amalgamano armoniosamente col paesaggio.

III
VILLE DEI DINTORNI DI LUCCA

Vedi note alle pagg. 290-293

81

Prospetto della Villa Orsetti a Mar...

97

98

99

VILLE DEI DINTORNI DI LUCCA

La prolungata prosperità di Lucca è testimoniata dalla gran varietà di ville patrizie sulle colline e nelle piccole valli che circondano la città, ospitale anche se cinta di mura. Sebbene Lucca si trovi soltanto a circa ottanta chilometri da Firenze, il suo scenario lussureggiante, così diverso dal cuore roccioso della Toscana, fa venire in mente l'Italia del Nord, o magari addirittura l'Austria; però l'architettura resta fondamentalmente toscana, con peculiari aggiunte locali.

Nel 1645 John Evelyn diede la seguente descrizione di Lucca: « ...un territorio piccolo ma grazioso, che forma uno stato da solo. La città è ordinata e ben fortificata, con nobili e piacevoli passeggiate alberate sulle fortificazioni, dove dame e cavalieri si recano a prendere il fresco. Giace in un'ampia pianura presso il fiume Serchio, ma la campagna all'intorno è collinosa... Gli abitanti sono estremamente civili con gli stranieri, più che in qualsiasi altro luogo d'Italia, e parlano l'italiano più puro. La vita è a buon mercato, e per questa ragione i viaggiatori si fermano a riposare qui piuttosto che a Firenze, anche se quest'ultima città è ben più celebre. Oltre a ciò, le signore sono socievoli, e le religiose niente affatto riservate... L'intero Stato si percorre comodamente in due soli giorni. I confini si confondono con quelli del Ducato di Toscana, ma lo Stato vive tranquillo perché è protetto dalla Spagna, (quantunque i cattolici lucchesi siano meno bigotti di tutti gli altri) e perché Lucca è una delle città d'Italia meglio fortificate. L'intero paese è ricco di un olio eccellente, eccetera ».

Evelyn avrebbe potuto aggiungere, sull'esempio di Montaigne che nel 1581 percorse la campagna insieme ad alcuni gentiluomini lucchesi: « Tutto all'intorno vidi, per la distanza di tre o quattro miglia, una quantità di ville deliziose, con portici e logge accrescono grandemente la loro bellezza ». Queste ville appaiono più intensamente consapevoli della propria classe eccezionale di quelle vicino a Firenze; ma anche le più vistose, come ad esempio Villa Mansi a Segromigno o Villa Torrigiani a Camigliano, sotto la vernice barocca posseggono una solida struttura architettonica cinquecentesca. Nell'Ottocento predominò lo stile neoclassico, particolarmente confacente a questo paesaggio lussureggiante, così come gli edifici palladiani sono appropriati alla terraferma veneziana.

Quasi tutti i bei giardini all'italiana (ne sopravvivono pochi, stimolanti progetti) furono spazzati via dalla preferenza sempre più diffusa per i giardini paesaggistici nello stile cosiddetto inglese. Il paesaggio in genere è però terrazzato e coltivato con tanta cura, la vegetazione è fertile in misura così esuberante, che a malapena si sente la mancanza delle aiuole e delle fontane scomparse, anche se dove esse han resistito agli assalti della moda, il contrasto con lo sfondo risulta tanto più gradevole. La verità è infatti che queste ville debbono in gran parte il loro fascino alla posizione romantica più che alle forme

209

architettoniche, anche se queste ultime si raccomandano sotto parecchi aspetti. In molti casi i nomi degli architetti sono andati dimenticati, e alcuni artisti furon fatti venire da altre città. Spesso era il proprietario medesimo che disegnava l'edificio e sorvegliava i vari stadi della costruzione. Dopo il 1550, si diffuse largamente l'influsso dell'Ammannati: le ville più antiche conservavano dettagli gotici, in particolare le finestre ad archetto o bifore, ma anche queste risentivano del Rinascimento fiorentino. Caratteristici dell'architettura toscana erano la severità geometrica, l'equilibrio, la semplicità delle superfici, il trattamento in pietra di architravi, stipiti e colonne, gli schemi cromatici delle decorazioni murali, la disposizione delle sculture. I muri erano intonacati o imbiancati a calce, e una pietra locale di color grigio, che veniva di solito dalla Golfolina, sostituiva la pietra serena usata a Firenze nelle incorniciature, nelle colonne e negli angoli delle facciate. Poche ville recano ancora tracce di affreschi, come ad esempio quella di Forci; e solo la Villa del Vescovo, incorporata nel territorio di quella di Marlia, conserva un cortile interno.

La più maestosa delle dimore di campagna del Cinquecento, la villa Rossi a Gattaiola, è una solida struttura quadrata a tre piani in mezzo a un parco ricco d'alberi che era stato un giardino all'italiana prima di essere inghiottito dalla moda dei giardini all'inglese. La data dell'edificio è attorno al 1540; è stato attribuito all'architetto lucchese Nicolao Civitali (1480-dopo il 1560), figlio del più famoso Matteo. Si sa che appartenne a Francesco Burlamacchi, il gonfaloniere di giustizia repubblicano che nel 1548, dopo il fallimento della sua congiura contro i Medici, fu decapitato nel Castello Sforzesco di Milano.

La villa fu offerta allora a Ferrante Gonzaga, duca di Amalfi; questi la mise all'asta nel 1566 e in quell'occasione la acquistò la prospera famiglia dei Santini. Nel secolo successivo i Santini continuarono ad abbellirla. Fecero affrescare al lucchese Bartolomeo de' Santi due splendide sale del primo piano: la sala da ballo, che contiene i loro stemmi ed è assai sontuosa, con statue di divinità dipinte sulle pareti, dai pilastri pure dipinti, e sopra di esse un portico a trompe l'oeil che si apre su un cielo dove le Ore danzano allegre intorno al carro del sole, mentre sotto fluttuano soavemente alcune personificazioni dell'Alba, delle Piogge di Primavera e del Tempo. La seconda sala fu affrescata da un altro pittore, con prospettive piene di luce: sul soffitto, in mezzo alle soffici nubi che non mancano mai in questo tipo di decorazione, sono raffigurate Giunone ed Iride.

Il portico spazioso sulla facciata posteriore, con sei colonne toscane, è l'elemento che più colpisce all'esterno. La decorazione a fresco, tuttavia, è successiva, del 1719; allora fu aggiunta una doppia scala esterna, come in altre ville lucchesi dell'epoca, e due statuarie figure monocrome del pittore lucchese Francesco Antonio Cecchi rappresentarono

210

l'Agricoltura e l'Astronomia, in posizioni parecchio simili. Gli affreschi d'altre stanze del primo piano descrivono quattro episodi della *Gerusalemme Liberata;* cinque scene pastorali (nella più riuscita un pastore giovane e robusto rimira teneramente una forosetta con la brocca, mentre sotto alcuni agnellini si rifugiano presso un ruscello e sullo sfondo si vedono le colline della Lucchesia) che ricordano un Gobelin; e vedute di rovine classiche alla Hubert Robert. Sono anche queste del Settecento, quando i padroni della villa erano i Montecatini. Nel complesso, si tratta di alcuni dei più memorabili affreschi che si possano vedere nel territorio.

Il giardino all'italiana andò distrutto nell'Ottocento, quando divenne proprietario della villa Alfred Emilien, Conte di Niewerkerke, che meriterebbe di esser eletto santo patrono dei gigolos. Era conosciuto come « *le beau Batave* » per l'origine olandese e il fisico prestante: alto un metro e ottantacinque, aveva la barba bionda e fluente, la fronte spaziosa. Il successo della sua carriera di Direttore Generale dei Musei e delle Belle Arti di Francia, Senatore e Membro dell'Istituto a Parigi, lo dovette alla sua relazione, durata ventitré anni, con la Principessa Matilde, cugina di Napoleone III, piuttosto che al talento artistico e intellettuale, benché fosse uno scultore dilettante. Horace de Viel-Castel, quell'arcigno memorialista del Secondo Impero, lo definì « un carrierista più che un artista. Per lui l'arte è stata solo uno strumento... Niewerkerke ama il lusso, lo sfoggio, l'ostentazione; insomma, ha troppe piccole vanità per poter mai diventare un uomo serio ». Era serio soltanto quando entravano in ballo le sue conquiste amorose. Installato quale amante in carica della Principessa Matilde, raramente si manteneva fedele a quella donna generosa, da lui sedotta quando aveva venticinque anni ed era sposa infelice del Principe Anatolio Demidoff.

Dopo la caduta del Secondo Impero, Niewerkerke fu congedato dalle sue numerose cariche. Vendette la casa di Parigi e la sua pregevole collezione di armature ed armi (che ora forma parte della Collezione Wallace a Londra) e si ritirò a Villa Gattaiola. Nel 1874 abitava nelle vicinanze Lady Paget, moglie dell'Ambasciatore Britannico a Roma; leggiamo nelle sue memorie* che Niewerkerke conviveva con due donne, guardate con sospetto dalla nobiltà lucchese. « Queste signore erano la Principessa Cantacuzène, una vecchia assai bourgeoise, e Olga, sua figlia adottiva, simpaticissima autrice di molti incantevoli romanzi... Olga dipingeva e suonava squisitamente, anzi non c'era nulla che non sapesse fare. Poteva aver allora un venticinque anni. Niewerkerke, ch'era già anziano, la chiamava *ma chère enfant.* L'anno dopo ella sposò Don Lorenzo Altieri, un romano colto e intelligente... ». Lady Paget concludeva che Olga Cantacuzène era figlia di Niewerkerke e di Matilde: i due « avevano trovato la buona e stolta piccola Principessa Cantacuzène, ed erano riusciti a convincerla ad adottare la bambina ». Peraltro,

* Walburga, Lady Paget:
The Linings of Life.
London, 1928.

223

come fece notare Joanna Richardson nella sua biografia della Principessa Matilde,* « la cosa non è verosimile in pieno Secondo Impero, allorché Matilde era l'amante di Niewerkerke da tredici anni ». La Richardson avanza l'ipotesi che Olga fosse figlia di Niewerkerke e di un'altra donna, forse la Principessa Cantacuzène, o addirittura che fosse la sua amante: anche da vecchio egli era infatti un donnaiolo impenitente, e Lady Paget lo considerava « assai piacente ». Secondo lei, Niewerkerke aveva fatto della Gattaiola « qualcosa di perfetto ». La casa contiene ancora interessanti reliquie di quando lui vi abitava: ritratti a grandezza naturale di Napoleone III e dell'Imperatrice Eugenia (questo ultimo di Winterhalter), un busto del Principe Imperiale, di Carpeaux, e numerosi ritratti della Principessa Matilde. Il vecchio dandy vi morì nel gennaio del 1892, a ottantadue anni.

Vicino a Lucca ci sono molte altre ville del Cinquecento che hanno un'architettura dello stesso stile dell'elegante Villa Rossi, ma non ce n'è nessuna altrettanto convincente nel rievocare l'esistenza di chi vi dimorò nel passato. Le attività mercantili e industriali fiorirono nella prima metà del Cinquecento, quelle bancarie soprattutto nella seconda; sempre invece l'agricoltura, in questa che è la terra dell'olivo, della vite e del gelso. Anche se nominalmente Lucca era una repubblica e sullo stemma portava il motto Libertas, ben presto, come nelle repubbliche di Genova e di Venezia, il controllo politico diventò monopolio patrizio; e la classe dominante fece investimenti su vasta scala in proprietà fondiarie. Lucca batteva moneta, e i suoi prodotti di seterie erano richiesti in tutta Europa; già nell'846 vi si lavoravano i panni di lana. Nel Cinquecento la banca dei Buonvisi aveva agenti a Norimberga, Lisbona e Costantinopoli, oltreché in molte città della Francia; fu nel loro palazzo di Lione che Maria de' Medici attese lo sposo Enrico IV.

Dalle tante ville che appartennero un tempo ai Buonvisi, sembra *prima inter pares,* se non addirittura unica per grazia e splendore panoramico, la loro palazzina da caccia a Forci, che ora porta il nome di Villa Giustiniani. La sua suggestione suprema è dovuta principalmente alla semplicità del disegno, al raffinato impiego della pietra per le finestre a più luci, così elegantemente disposte a spazi rettangolari accanto alla porta d'ingresso coronata da un arco. Figure affrescate fanno capolino da due finte finestre nella parete della facciata nord. Gli angoli a bugnato armonizzano con la tessitura liscia della facciata intonacata, producendo un effetto degno del Buontalenti; ma il lungo portico con una doppia scalinata che domina la pianura lucchese, supera in bellezza del disegno la facciata nord: le colonne, attorno a cui s'intrecciano delicate piante rampicanti, sono accentuate da pulvini rettangolari. Un folto bosco di lecci si snoda fino all'edificio; la ripidezza della collina sulla quale esso sorge, oltre alla mancanza d'acqua e al prosciugamento delle ricchezze dei Buonvisi, lo salvarono dalle trasformazioni della moda successiva.

* Joanna Richardson:
Princess Mathilde.
London, 1969.

L'edificio originale fu intensamente restaurato nel Cinquecento, forse da Vincenzo Civitali (1523-1597). Se ne ha notizia nel 1532, quando i Buonvisi ne partirono per andare a Lucca a domare una rivolta popolare conosciuta come Rivolta degli Straccioni. Non molto dopo, fu ospite dei Buonvisi il dotto Ortensio Lando, che celebrò la sua visita, con particolare riguardo allo spirito della conversazione e ai succulenti banchetti, nelle *Forcinianae quaestiones*, una composizione latina stampata a Napoli nel 1536. « Mai mi è accaduto, « scrisse », di trovare un luogo più ameno e più adatto a raccogliere l'animo nello studio. Se alcuno, come spesso avviene, ha qualche fastidio, colà se ne sentirà libero immediatamente, e svanirà ogni sua afflizione ».

La sopraelevazione che sormonta la facciata nord, la decorativa campana sul tetto e un orologio appoggiato su tegole che accentuano le modanature barocche, furono aggiunti nel Settecento; così pure gli affreschi di Francesco Antonio Cecchi nel salone, che raffigurano la Vendemmia e la Raccolta delle Olive, mettendo in luce le principali attività di Forci.

Un'altra villa Buonvisi, oggi Oliva, si trova a San Pancrazio e risale alla fine del Cinquecento. Qui l'alto portico fu sormontato da un altro piano con finestre quadrate sopra ogni arcata, e l'effetto complessivo è fiorentino. Si sa che la proprietà fu molto ingrandita e ricevette varie migliorie nel 1770 per merito di Francesco Buonvisi, che, pur rispettando la geometricità del disegno del giardino, vi introdusse piante esotiche. Il giardino però fu « anglicizzato » nel 1800 quando la famiglia si estinse, e passò per altre mani, comprese quelle del principe Charles Poniatowski. Nell'ultima guerra la villa fu gravemente danneggiata; gli attuali proprietari l'hanno restaurata con gusto, e possiamo tuttora godere frammenti del giardino originale, come la Fontana della Sirena (una fontana a muro), una romantica grotta e i cancelli fiancheggiati da pilastri con maschere.

La vicina Villa Cittadella appartiene allo stesso periodo; è un semplice edificio quadrato, con un portico a tre archi e due piani superiori coronati da sculture di terracotta. Anche in questo caso il giardino fu trasformato alla moda dell'Ottocento, ma i frammenti di quello precedente che ancora rimangono sono affascinanti, in special modo la lunga limonaia con porte ad arco in bugnato, e al di sopra finestre rotonde simili a oblò; inoltre, i due bei cancelli e il diritto viale dei cipressi; l'ovale racchiuso da siepi ondulate, con una fontana in una nicchia nello sfondo; e altre due fontane con maschere bronzee di Mida, dotato di magnifiche orecchie d'asino. Una fontana che rappresenta un mostruoso pipistrello semiumano ricorda le grottesche fantasie di Bomarzo.

L'imponente Villa Marchi a Gragnano, già Arnolfini, è una struttura del Seicento con alcuni lineamenti architettonici cinquecenteschi, come gli angoli con le torri e la scalinata doppia su una facciata che ricorda quella di Artimino, e sull'altra una loggia aperta. L'ultimo esponente della famiglia Arnolfini (uno dei suoi antenati fu immortalato da Jan van Eyck in una delle più belle gemme della National Gallery di Londra) rimaneggiò la casa nel 1803, alzando l'ultimo piano con finestre un po' troppo grandi in proporzione a quelle di sotto. Verso la fine del Seicento, il salone principale fu decorato dal prolifico pittore bolognese Angelo Michele Colonna (1600-1687) con portici a trompe l'oeil, secondo una prospettiva meticolosa, e con statue allegoriche nella tradizione del cerimoniale scenografico barocco.

I principali esempi di architettura domestica della Lucchesia nel Seicento e nel Settecento sono Villa Mansi a Segromigno, Villa Torrigiani a Camigliano e Villa Garzoni a Collodi. Mentre il disegno delle prime due è molto simile, l'ultima è eccezionale, trattandosi della più spettacolosa creazione barocca in Toscana.

La villa Mansi fu costruita da Maurizio Oddi verso il 1634, e sebbene di solito la si definisca barocca, è più propriamente una costruzione dell'Alto Rinascimento con aggiunte manieristiche. La scalinata doppia che sale al portico triplo fra due avancorpi, con in cima una balaustrata adorna di statue; la sopraelevazione centrale che ripete lo stesso tema; e ogni profilo architettonico, sottolineato com'è da modanature di pietra, le conferiscono l'aspetto di una sontuosa torta di nozze scaricata in un parco pubblico. Il prato davanti alla facciata con le arcate digrada fino a una vasca delimitata da una balaustrata curvilinea, con statue graziose a intervalli, protette da alte siepi di verde. I folti alberi all'intorno la fanno sembrare una radura in mezzo a una foresta, che nasconde a metà un laghetto rustico, dove una Diana di marmo e le sue ninfe ravvivano l'acqua marcescente. Del magnifico giardino all'italiana nella tradizione di Versailles, disegnato da Filippo Juvara nel 1732, rimane però soltanto un'incisione. La casa e il giardino sono aperti al pubblico, a beneficio del quale è stato installato al pianterreno un bar ristorante con juke-box (sogno o son desto?); recentemente vi si è aggiunta anche una boutique, e si sono pubblicizzate sfilate di moda.

I cancelli d'ingresso alla villa Torrigiani di Camigliano, a circa tre chilometri di distanza, sono ancora più monumentali di quelli della villa Mansi, con due corpi laterali adorni di grate quadrate e ovali, coronati da vasi di pietra e obelischi ad ogni estremità, costruita a bugnato. Vi si arriva da un viale di cipressi, lungo e diritto. Di fronte sorge la casa, con gradini che conducono al portico centrale ad arco, fiancheggiato da statue; questo tema si ripete nell'alta nicchia sovrastante; il primo e il secondo piano sono delimitati da balaustrate con statue. Ad essi fu aggiunto, con un'altra balaustrata e altre statue, un piccolo piano superiore che termina in una delicata cupola appuntita. Tanti sono i dettagli in comune con Villa Mansi, che l'architetto avrebbe ben potuto essere Muzio Oddi. Fu disegnata sopra un edificio precedente dello stesso periodo, come se qualcuno avesse affibbiato a una struttura più semplice una maschera intricata: una maschera di materiali e tinte eterogenei. Leoni sulle scale, nicchie con busti sopra le statue che fiancheggiano l'ingresso, bassorilievi, stemmi scolpiti, squadroni di statue: l'effetto d'un quadrato sovrapposto ad un altro è ancora piuttosto manieristico che barocco.

Il giardino all'italiana accanto alla villa fu « anglicizzato » nell'Ottocento : tuttavia forma un colpo d'occhio stupefacente il giardino di Flora, a livello più basso del terreno circostante, protetto da quattro alti muri con una fantasiosa grotta a un'estremità e un muro di sostegno all'altra; questo giardino, simile a un padiglione, è adorno di tre archi e di numerose scale doppie con balaustrate e statue, e da qui si sale a un giardino di limoni abbellito da una vasca oblunga, dove si rispecchia un gruppo di cipressi. Tutto ciò testimonia quanto molte ville di Lucca abbiano perduto in seguito alle trasformazioni ottocentesche: un'architettura così elaborata appare fuori luogo in un ambiente cosiddetto « inglese ». Un passaggio sotterraneo conduce dal muro di sostegno alla casa. Dappertutto ci sono fontane, pronte a zampillare: dalla cupola aperta della grotta, dai gradini e dal selciato a mosaico dei vialetti, e perfino dalla statua di Flora, come nella grotta della villa di Castello e in quelle di Pratolino, descritte da John Evelyn. Miss Georgina Masson conclude che questo tiro birbone, abilmente concepito ma altrimenti poco gradevole, « probabilmente salvò il giardinetto dalla distruzione, perché dai tempi dei Romani fino ad oggi i giochi d'acqua hanno esercitato un richiamo irresistibile sul senso del comico degli italiani ».*

Per quanto più vicina a Pescia che a Lucca, la famosissima villa Garzoni apparteneva alla Repubblica di Lucca quando il castello fortificato che sorgeva sul posto era spesso assediato dai fiorentini. Durante tutto il Trecento i Garzoni furono Ghibellini, ed emigrarono a Lucca dopo aver perduto la loro proprietà di Pescia, di cui erano stati i signori per tanto tempo. Come cittadini di Lucca poterono conservare i possessi della Valdinievole, compresa Collodi, che non era stata espugnata dai fiorentini. Sebbene Lucca li colmasse di onori, preferirono stabilirsi presso la natia Pescia, da cui erano stati banditi: e l'essersi attestati nella roccaforte di Collodi fu un aperto atto di sfida. La villa attuale, fatta costruire da Romano Garzoni all'inizio del Seicento, fu edificata sopra le fondamenta del castello medievale. In antico al villaggio di Collodi si poteva giungere solamente varcandone i cancelli. Si tratta di un vasto edificio rettangolare a quattro piani, con un grazioso belvedere che corona il tetto, la cui austera monotonia è mitigata dalla grande porta ad arco sormontata dalle armi dei Garzoni e da alcuni trofei classici. Sul retro, un ampio portico è al livello del pianterreno, e da questo due larghe scalinate salgono al piano nobile in mezzo a colonne e balconi affrescati in abile prospettiva. La galleria sopra il portico

* Georgina Masson:
Italian Gardens.
London, 1961.

è adorna di trofei, scene bucoliche, allegorie, architetture in prospettiva, opere di Angelo Michele Colonna; fu lui, anche, che affrescò il salone centrale in convenzionale stile barocco, con modanature a stucchi dorati.

Dietro l'edificio principale c'è una palazzina da estate color corallo, in stile rococò, con una parte centrale convessa e ali laterali concave, che pare importata dalla Sicilia del Settecento. Lo splendido giardino, costruito a terrazze contro una ripida collina, è complatamente staccato dalla casa, con cui lo mette in comunicazione soltanto un rustico ponte. Basta un'occhiata per afferrare il disegno generale. Una serie di gradini e terrazze balaustrate conduce alla cascata centrale che sostituisce la tradizionale abitazione; sopra la cascata, s'innalza una fulgida statua della Fama che soffia in una conchiglia, da cui l'acqua sgorga in una vasca sotto il piedistallo, e da questa sopra altri gradini e in altre vasche. Ai piedi della Fama stanno sdraiate le massicce figure di Firenze e Lucca, e in una vasca inferiore figure di strani uccelli versano acqua dal becco. In questo fianco di collina cesellato in maniera così elaborata, l'acqua rappresenta un ruolo di primo piano, cosicché abbondano docce nascoste per tutti coloro che le ricercano.

In un boschetto di cipressi dietro la figura della Fama c'è uno stabilimento di bagni settecentesco con compartimenti separati per le dame e per i cavalieri; ci sono anche stanze gaiamente affrescate e rivestite di seta sbiadita, dove i bagnanti potevano godersi rinfreschi e conversari, mentre in una galleria per suonatori discretamente situata a una certa altezza, i musici suonavano per quei bagnanti celati alla loro vista (certamente eseguivano arie di Boccherini, ch'era oriundo di Lucca); e il tutto formava una sofisticata derivazione dalle antiche terme romane.

C'è anche un teatro all'aperto dalle quinte di bosso in siepi pareggiate, e una fontana a nicchia circondata da statue nello sfondo; ma la scena è troppo piccola per farne uso effettivo, sebbene un italiano entusiasta decantasse « un teatro verde, per la commedia, sulla sinistra del terzo ripiano, con belle quinte, che consentivano maliziosi travestimenti ». Per il divertimento degli ospiti fu aggiunto un labirinto di siepi che porta ad una grotta, con altre liquide sorprese; e le signore che fingevano di smarrirsi, non potevano cavarsela senza una fresca aspersione. Le tante statue di stucco e terracotta sono in stile ingenuamente rustico; hanno l'aria di far parte d'una messa in scena, ma poiché tutto il giardino è in prevalenza teatrale, non sarà il caso di esaminarle con eccessiva minuzia, anche se si potrebbero desiderare prodotti più eloquenti dell'arte scultorea.

Un'ode poetica del lucchese Francesco Sbarra a « Le Pompe di Collodi » (1652) ci consente di datare il giardino nella prima metà del Seicento, quando ne fu eseguita un'incisione a beneficio esclusivo del re di Polonia Stanislao Poniatowski. Inventore di quei giochi d'acqua la cui fama era dilagata fino a Varsavia, fu il patrizio lucchese

Ottavio Diodati, che collaborò all'edizione locale dell'Enciclopedia Francese. Da allora il giardino, diventato mèta turistica, ne ha inevitabilmente sofferto: non possiamo non deplorare i cartelli e le luci stridenti, i chioschi per la vendita di Coca Cola e cartoline, e la disposizione delle aiuole all'entrata come in un parco pubblico.

La popolarità più recente di Collodi è dovuta allo scrittore che, essendovi nata sua madre, lo scelse come pseudonimo: Carlo Lorenzini (1826-1890) scrisse molti libri per l'infanzia, di cui il più famoso è *Pinocchio*; ed è piuttosto per amore di questo nasuto burattino di legno che non per la villa Garzoni di per sé, che i ragazzi vengono in gita nel luogo che credono abbia dato i natali a Pinocchio. La sua statua domina un parco di giochi per bambini; naturalmente è stato sfruttato dalla televisione, suscitando appassionate polemiche degne di *Alice nel Paese delle Meraviglie* o di *Peter Pan*.

La Villa Reale di Marlia, più vicino a Lucca, apparteneva da secoli alla famiglia Orsetti quando nel 1806 la comprò la sorella di Napoleone, Elisa Baciocchi. Tutte le bellezze del giardino barocco originale sopravvissute alle drastiche trasformazioni di Elisa, risalgono al Seicento, e sono particolarmente seducenti. Il teatro all'aperto è il più grazioso del genere, con le sue quinte color verde scuro potate basse, le figure in terracotta di Colombina, Arlecchino e Pulcinella sullo sfondo della scena, il podio per il direttore d'orchestra ricavato anch'esso sagomando artisticamente le piante, le file dei sedili coperti d'erba e la fontana che zampilla fuori del cancellino d'ingresso, perfettamente in linea con la scena. Addirittura incantevole è il giardino d'acqua, con la lunga vasca dei pesci contornata da balaustre, cui fan da guardia le statue dell'Arno e del Serchio, e che finisce in un trionfale Ninfeo di proporzioni maestose. Grandi vasi di limoni scintillano sopra la balaustrata, e l'acqua rispecchia tutto quanto il disegno.

Si narra che il Conte Orsetti, furente per aver dovuto vendere la proprietà avita a quella parvenue della Principessa, avesse impiegato il ricavo della vendita — più di 700.000 franchi dell'epoca — nell'acquisto di vasellame d'argento, che mise in mostra su un carro tirato da buoi davanti al palazzo di Elisa, mandandole a dire che poteva vedere la villa di Marlia sfilare sotto le sue finestre.

Un amico russo mi ricorda che *Guerra e Pace* comincia con la frase: « Ebbene, Principe, adesso Genova e Lucca non son altro che patrimonio privato della famiglia Bonaparte ». Nel 1805 Napoleone aveva convertito la Repubblica di Lucca in un principato per l'ambiziosa sorella Elisa e per il suo remissivo marito, il Conte Felice Baciocchi, perché Elisa aveva dichiarato che la corona di Piombino era « troppo piccola per la sua testa ». La brava donna si permise tranquillamente di governare il principato come una specie di Sottoprefettura, di cui fosse sovrana assoluta; Talleyrand le affibbiò ironicamente il soprannome di

« Semiramide di Lucca ». Elisa organizzò la propria corte sul modello di quella di Saint-Cloud, con dame d'onore, ciambellani, scudieri, paggi, cappellani ed elemosinieri dai titoli altisonanti, presiedendo alle udienze pubbliche e private con una solenne frivolezza da operetta: era quasi una parodia della corte di Napoleone.

La nuova duchessa ingrandì la residenza degli Orsetti, aggiungendovi un piano superiore con un nuovo cornicione, un portico aggettante e una terrazza sulla facciata in rigido stile neoclassico. Tutto l'interno fu ridecorato e rimodellato nella stessa foggia sotto la guida di Théodore Bienaimé. La maggior parte dei mobili fu fatta venire da Parigi, e s'incoraggiò il talento locale nella persona dei fratelli Agostino e Stefano Tofanelli, che affrescarono diverse stanze. Il secondo, Senatore di Lucca e « Primo Pittore di Sua Altezza Imperiale », affrescò il soffitto della sala da ballo con una Danza delle Ore (altre sue pitture adornano Villa Mansi, ma per essere apprezzate richiedono un gusto particolare per le cose d'« epoca »; io le trovo banalmente accademiche).

Elisa cominciò le trasformazioni della tenuta nel 1811, dopo che Napoleone l'aveva promossa Granduchessa di Toscana; ma non ebbe il tempo di portare a compimento tutti i « miglioramenti » naturalistici suggeriti dall'architetto francesco Morel, che aveva disegnato il parco della Malmaison. Fu costruito un imponente ingresso alla proprietà, con due case da guardia palladiane entro un cortile a semicerchio, circondato da vasi da fiori neoclassici su piedistalli. La confinante « Villa del Vescovo » — una bella casa del Cinquecento con un cortile interno, una scala esterna e un ninfeo chiamato « la grotta di Pan », squisitamente decorato con arabeschi e acciottolati a mosaico nello stile del Buontalenti — fu incorporata nella proprietà, cui si annetté altro terreno per ampliare lo spazio davanti alla villa, ma ingrandimenti ulteriori furono stroncati sul nascere dalla caduta di Napoleone. Le opere idrauliche comportavano spese considerevoli: fra il 1811 e il 1814 s'impiegarono nella proprietà 438.583 franchi; le stalle furon riempite di purosangue, e i prati di pecore merino. Nel teatro all'aperto si rappresentò la *Fedra* di Racine, e mentre Elisa stava distesa nel parco su una chaîse-longue, Paganini suonava per lei dietro una siepe di tassi. La Granduchessa lo nominò suo Direttore musicale; e possiamo ben credergli quando scrive che allorché eseguiva le sue eccitanti cadenze, lei cadeva in deliquio. Comunque, di solito, accorreva per farle riprendere i sensi il seducente Grande Scudiero, Bartolomeo Cenami (soprannominato il suo « *cher ami* »). Spesso uscivano insieme a cavallo, e si fermavano a scambiarsi amorose effusioni su un argine muschioso, ignari degli occhi indiscreti dietro i cespugli. L'impronta che Elisa diede alla Villa di Marlia permane, ma le sue ambizioni furono infrante dall'arrivo, nel 1814, di una truppa inglese comandata da Lord William Bentinck; questi le disse nudo e crudo che non riconosceva la sua autorità, e che finché gli alleati non avessero deciso il futuro della Toscana, il comando lo assumeva lui. I negoziati di Elisa con Murat, allora Re di Napoli, la cui fortuna sembrava più salda di quella del fratello di lei, erano falliti, così come più tardi sarebbero falliti i negoziati di Murat con gli Alleati, che non potevano prendere per buono il suo voltafaccia. Incinta di nove mesi, Elisa dovette fuggire, ma poteva viaggiare solo a brevi tappe; in una squallida locanda, « proprio quando ormai non aveva più bisogno di un erede per la corona », dette alla luce un figlio. Arrestata a Bologna da truppe austriache, fu considerata prigioniera di guerra e condotta a Brünn, e dopo un triste peregrinare col titolo di Contessa di Campignano, morì vicino a Trieste nel 1820, a quarantadue anni.

Quando il Congresso di Vienna assegnò il Ducato di Lucca a Maria Luisa di Borbone, Duchessa di Parma, per compensarla del fatto che Parma era stata data all'omonima ex Imperatrice, la Villa di Marlia diventò una delle sue residenze preferite negli ultimi otto anni d'una vita breve e tormentata. Figlia di Carlo IV di Spagna, il bonario modello di Goya, aveva sposato nel 1795, a soli tredici anni, il Duca Lodovico di Parma; il suo unico figlio, Carlo Lodovico, nacque nel 1799. Benché singolarmente sprovvista di fascino personale, Maria Luisa si era conquistata l'affetto del colto marito, che morì nel 1803, a breve distanza dal proprio padre.

Durante pochi anni, la Toscana era stata trasformata in Regno di Etruria per il Duca Lodovico; ma la sua vedova fu presto estromessa da quell'effimero regno ad opera di Elisa Baciocchi, divenuta Granduchessa. Maria Luisa, tornata a Madrid, raggiunse poi i genitori nella cattività di Compiègne, e dopo inutili tentativi di tornare a Parma o di raggiungere la sorella in Sicilia, fu trasferita a Roma, dove rimase ad attendere finché non le fu assegnato il Ducato di Lucca, mentre l'ex Imperatrice era ancora in vita. Era più scialba e meno intelligente di colei che l'aveva preceduta, ma si apprezzarono le sue solide doti, e la statua che di lei scolpì Lorenzo Bartolini si trova ancora fuori del palazzo che fu suo. Maria Luisa fece costruire nuove strade, un acquedotto con 459 arcate per portare a Lucca la pura acqua potabile dalle colline, un osservatorio, un cantiere a Viareggio, e si sforzò col massimo impegno di migliorare il suo piccolo Ducato.

Morta Maria Luisa nel 1824, le successe il figlio che nel 1847, due mesi prima di ereditare Parma, cedette Lucca al Granduca di Toscana. A seguito di un'infanzia e di un'educazione troppo movimentate, Carlo Lodovico era inquieto e nevrotico, ma un eccellente linguista; la teologia era il suo hobby principale, ma ne aveva anche altri. Metternich dubitava che fosse matto perché propendeva per il protestantesimo e s'interessava di studi biblici. Correva voce che fosse addirittura un carbonaro, giacché permetteva di rifugiarsi a Lucca ai liberali esuli d'altre parti d'Italia. Grazie a lui, la città e la vicina Bagni di Lucca, rinomato luogo di villeggiatura, divennero un centro d'attrazione per i forestieri, perché fra tutti i principi del tempo Carlo Lodovico era il più cosmopolita, quello di mente più aperta. Nel 1820 sposò Maria Teresa di Savoia, figlia di Vittorio Emanuele I di Sardegna, dignitosa, malinconica e profondamente devota; il loro unico figlio, Carlo Ferdinando, nacque nel 1823. Mentre Maria Teresa preferiva vivere col figlio in pio isolamento, Carlo Lodovico aveva la passione dei viaggi; durante la propria assenza affidava il governo al Marchese Ascanio Mansi, un moderato capace e giudizioso. Lucca, inattaccabile dai moti rivoluzionari all'esterno, era un'oasi di pace e di prosperità.

Il Duca, benché sapesse essere spendaccione a tempo perso, aveva gusti semplici e detestava i formalismi. Preferiva quindi la sua palazzina da caccia a Pieve Santo Stefano alla grandiosità della villa di Marlia; e se vediamo in questa palazzina nient'altro che un edificio in posizione superba, siamo propensi a condividere la sua preferenza: disegnata su un ripido colle dall'architetto neoclassico Lorenzo Nottolini, nel mezzo di una folta pineta, è la meno neoclassica delle sue costruzioni. Consta di una lunga facciata a due piani, con due graziose rampe di scale ricurve, dall'uno e dall'altro lato di un portico su pilastri, che sale alla balconata del primo piano. Le curve della scalinata doppia sono ripetute e integrate da un frontone a volute, che conferisce alla costruzione un'eccentrica nota settecentesca, anche se la lunga fila di finestre è strettamente simmetrica e priva di decorazioni. Il panorama della pianura è paragonabile a quello della villa di Forci, e gli attuali proprietari di questo raffinato « casino da caccia » lo hanno mantenuto in buono stato di conservazione. Questa villa ha un cachet personale più intenso di altre della Lucchesia dello stesso periodo, e ci sentiamo sicuri che l'irrequieto Duca poté godervi una certa serenità. La sua Duchessa Maria Teresa preferiva la modesta residenza a San Martino di Vignale, dove vegetava col confessore e coi suoi medici omeopatici; anche questa villa consente una splendida veduta, che compensa la sua mancanza di grandiosità.

Dopo la morte del Marchese Ascanio Mansi, avvenuta nel 1841, Thomas Ward, cameriere personale del Duca, divenne il suo *fidus Achates*. Quell'umile figlio dello Yorkshire, intelligente e onesto, che aveva esercitato a Vienna il mestiere di fantino e caposcudiere, accompagnò il Duca a Londra per l'incoronazione della Regina Vittoria, e fu incaricato di molte missioni politiche e private. Evidentemente Ward formava un grato contrasto rispetto ai cortigiani ossequiosi che infastidivino il Duca con i loro intrighi. Nel 1845 Ward fu nominato Soprintendente alla Casa Ducale, e si dimostrò così capace nel por freno alle spese, incrementando l'efficienza del Ducato, che l'anno dopo fu promosso Direttore temporaneo della Finanza. La stampa clandestina lo metteva in ridicolo insieme al padrone perché era nota a tutti l'umiltà della sua origine. Ma la strana scelta del Duca fu pienamente giustificata, giacché il fantino d'un tempo rimise una parvenza d'ordine nelle sue finanze, ch'erano ridotte in uno stato di confusione completa; e il Granduca di Toscana rimase tanto impressionato dall'abilità di Thomas Ward, che gli conferì l'Ordine di San Giuseppe e cercò di assicurare i suoi servigi a Firenze. Carlo Lodovico gli mostrò inoltre la propria soddisfazione decretandogli il titolo ereditario di barone, il cui stemma disegnò personalmente.

Il Duca apriva il cuore a Ward nelle sue lettere, che ci permettono di sondare quel curioso carattere. « La natura tempestosa della mia vita », scriveva, « la mia inesperienza, la mia buona fede — la prima mi sbalestra qua e là, la seconda mi fa cadere negli errori tipici della gioventù, la terza va unita con un modo di sentire e d'agire troppo nobile, fatale ai miei interessi — hanno avuto purtroppo l'effetto, a me nocivo, di farmi perdere completamente la fiducia in me stesso, oltre a farmi diffidare degli altri, spesso involontariamente, ma ciononondimeno inevitabilmente ». E del suo matrimonio scriveva: « È una croce da portare con amore, e perfino di questa bisogna render grazie ».* Detestava lasciar Lucca per Parma, e si lamentò del cambiamento come se fosse stato un sacrificio crudele. Sua gran consolazione era l'orgoglio per il sangue dei Borboni che gli scorreva nelle vene. « Che famiglia di gentiluomini è sempre stata la nostra! » esclamava. Malgrado gli stati depressivi e il complesso d'inferiorità, Lodovico assecondò gli hobbies più eterogenei; fondò una cappella greca nella Villa di Marlia e un casino da gioco a Bagni di Lucca. Per giunta, assaporò le gioie della popolarità.

Dopo l'unificazione d'Italia, Re Vittorio Emanuele II concesse la Villa Reale di Marlia a Penelope Smyth, la vedova irlandese del Principe di Capua, il cui matrimonio non era mai stato riconosciuto dal fratello di lui, Re Ferdinando II delle Due Sicilie. Purtroppo il figlio dei due impazzì, e pazzo rimase per trent'anni, fino cioè alla morte avvenuta nel 1919. Nel 1923 la proprietà fu comprata in blocco dai Conti Pecci Blunt, che la restaurarono con spirito di prodigalità.

I bei resti dei giardini all'italiana nelle vicinanze di Lucca inducono a deplorare che tanti di questi siano stati spazzati via dal movimento del « ritorno alla natura » che prese sempre più piede nell'Ottocento. Da un capo all'altro d'Europa prevalse la moda d'infatuarsi per la natura e di stigmatizzare come sacrilego l'operato degli architetti all'italiana: a tal punto, che perfino Caterina la Grande osservò a Voltaire: « *à présent l'anglomanie domine dans ma plantomanie* ». Ma, come scrisse Sir Reginald Blomfield lamentando le distruzioni massicce dei giardini all'italiana: « Non è un pensiero esilarante che proprio nell'unico caso in cui il gusto inglese in tema di disegno si è imposto nel Continente, lo abbia fatto con risultati talmente disastrosi ». La parola « giardino », faceva osservare, sta a significare uno spazio circoscritto, in contrapposizione ai campi e ai boschi aperti. « La solitaria maesto-

* Jesse Myers: *Baron Ward and the Dukes of Parma.* London, 1938.

233

sità della natura indomita » non ci aveva nulla a che vedere; anche il grande arbitro del giardino paesaggistico, Humphry Repton, doveva confessare che « il giardino è un'opera d'arte che adopera i materiali della natura ». Lo scopo del giardino all'italiana era quello di far nascere la casa dal terreno che la circondava, e di modificarlo così da porre la natura in armonia con la casa stessa; scopo che spesso fu attuato in Toscana fino all'Ottocento, quando si confuse *le faux naturel* con il naturale genuino.

La distruzione del nobile disegno dello Juvara per Villa Mansi è particolarmente lamentevole, e non resta che consolarsi con la floridezza e la varietà della villa di Marlia, dove i due stili si sposano felicemente: il territorio di quest'ultima è così esteso che le attrattive di entrambi saltano agli occhi di tutti. Il Principe Metternich, che visitò il luogo nel 1817, scrisse che era « veramente divino. La casa richiama alla mente i comodissimi castelli francesi; il giardino è piantato *à l'anglaise*, in maniera perfetta; è vasto, e offre un aspetto forse unico nel suo genere, perché non conosco altri giardini di questo tipo, di qua dalle Alpi, con alberi e fiori esotici così lussureggianti; vi sono, per esempio, boschetti pieni di magnolie ». Come Montaigne e John Evelyn prima, e dozzine di forestieri dopo di lui, Metternich rimase affascinato da Lucca, e fu indotto a invidiare la vita del suo Principe. Laggiù c'era tutto: città, villa di campagna, bagni curativi, il mare... « e niente in misura esagerata ». « Come si vede », continuava, « l'*embarras de richesses* non è eccessivo, né si presenta il problema della scelta... l'ambizione e il piacere essendo concentrati su un unico oggetto, cosicché la prima rimane sempre limitata, e il secondo incessante ».

Ai giorni nostri, come molti inglesi colti hanno scoperto, l'*embarras de richesses* sembra maggiore. La palazzina da caccia del Duca Carlo Lodovico, a Pieve Santo Stefano, ora appartiene al signor Roworth e a sua moglie, e altre belle ville lontane dalle strade battute sono occupate da residenti stranieri, che si dilettano di giardinaggio. Parecchie di queste ville meritano una menzione onorevole, ma qui ci siano limitati alle più rappresentative, se non alle più celebri. La Villa Garzoni di Collodi possiede l'unico giardino barocco della Lucchesia che sia rimasto intatto nella maggior parte dei suoi elementi, sia pure al rischio di diventare una specie di Luna Park. Non si dovrebbe tener conto delle recenti escrescenze; ma coloro che si sentono urtati dalla sua vistosità teatrale e da quelli che Vernon Lee chiamava i suoi « fiori imperituri di ciottoli e gessi variegati », si rivolgeranno altrove, ai più numerosi giardini all'inglese. Chi ama il pittoresco, scoprirà la terra promessa fra le colline dai verdi boschi e le valli appartate vicino a Lucca, anche se oggi il panegirico di Heinrich Heine può sembrare leggermente esagerato: *Nirgends Philistergesichter,* scrisse di questa regione nei *Reisebilder*: in nessun posto si scorge la faccia di un filisteo!

IV

VILLE DEL SENESE

Vedi note alle pagg. 293-296

VILLE
DEL SENESE

Gli storici di Siena hanno l'abitudine di soffermarsi nostalgicamente sull'epoca feudale della città e sull'evoluzione del suo libero comune; sul suo spirito civico e sulla vittoria di Montaperti contro i Fiorentini, nel 1260; ma per lo più son reticenti sul periodo più pacifico passato sotto i Medici, quando le ville di cui ci occupiamo furono costruite, oppure ricostruite sopra le fondamenta di antichi castelli. Il monumento più eloquente dell'orgoglio medievale di Siena è la centrale Piazza del Campo, con il suo roseo semicerchio di palazzi di fronte al gotico Palazzo Pubblico (1288-1308), e alla Torre del Mangia, « simile allo stelo di un fiore », alta 101 metri; e la corsa di cavalli nota col nome di Palio, che si tiene due volte l'anno è un medievalismo reso visibile e udibile... con delizia della maggior parte degli spettatori e fastidio della minoranza. Le consociazioni popolari chiamate « contrade », in cui Siena tuttora si divide, rievocano le fazioni medievali e la loro scambievole animosità.

Nel Duecento e nel Trecento Siena era rivale di Firenze nel commercio bancario e laniero; il suo Monte dei Paschi è una delle banche più antiche d'Italia. La campagna spesseggiava di castelli come quelli dipinti da Simone Martini nel suo ritratto del condottiero Guidoriccio da Fogliano; castelli che avevano funzioni puramente pratiche, con giardinetti concepiti più in vista dell'utile che del dilettevole: « Agli appezzamenti di terreno fra la cerchia interna di mura e quella esterna, dove si potevano coltivare il grano e il fieno per i cavalli », lo aveva ben capito Vernon Lee, « era poco probabile si rinunciasse esclusivamente a favore dei gigli e garofani della castellana; lì dovevano crescere insalate e radici, cipolle e porri; difatti non sempre conviene andar a prendere la verdura nei villaggi sottostanti, specialmente quando ci sono in giro a far razzie nemici o mercenari sbandati. Per questa stessa ragione si vedranno addossati alle mura del castello più viti, peri o meli, che rosai ».

La villa toscana, come abbiamo visto, prese sviluppo in quel Rinascimento che giunse tardi nell'ultramedievale Siena. Le famiglie Chigi e Piccolomini avevano acquistato grandi ricchezze col commercio in altre città, ma anche la loro, naturalmente, ne trasse beneficio. Il banchiere Agostino Chigi, che nel 1485 era andato a Roma, vi ammassò una grossa fortuna facendo il prestadanaro nella contrada dei Banchi, e in un secondo tempo il tesoriere (equivalente a Ministro delle Finanze) sotto Papa Giulio II. Negli affari privati Agostino competeva con i Medici, perché aveva filiali in tutta Italia e magazzini in tutta Europa. Possedeva una flotta di cento navi e ventimila dipendenti, oltre a controllare la zecca papale, a fornire grano agli Stati Pontifici (suo privilegio esclusivo) e a gestire il monopolio dell'allume delle miniere della Tolfa. La munificenza di questo principe mercante era leggendaria: la sua villa di Roma, oggi nota come La Farnesina, resta un vestigio glorioso del suo mecenatismo. L'incarico di progettarla lo ricevette a venticinque anni il suo compatriota Baldassarre Peruzzi (1481-1536); e la Fornarina, amante di Raffaello, vi fu installata a tenergli compagnia mentre ne affrescava le pareti con gli amori di Cupido e Psiche. La villa era talmente stipata di tesori che, stando a una diceria, l'ambasciatore spagnolo sputò addosso al suo maggiordomo, perché « non era riuscito a trovare altro spazio disponibile »; l'aneddoto dev'essere senz'altro apocrifo, come quello a proposito dei piatti d'oro che Agostino aveva fatto gettare nel Tevere durante un banchetto offerto al Papa, al quale, la mattina dopo, capitò di vederli ripescare con le reti. C'è poco da meravigliarsi se la famiglia prosperava a tal punto. Fabio Chigi, discendente di Agostino, divenne Papa Alessandro VII.

Agostino Chigi morì nel 1520, prima che Siena cadesse nelle mani dei fiorentini. Nel 1561 il Duca Cosimo I de' Medici (divenuto Granduca nel 1570) fece il suo ingresso trionfale nella città, dopo un prolungato assedio le atrocità del quale i cronisti hanno narrato con gusto masochistico. Anche se molti continuarono a rimpiangere la perdita della repubblica, i senesi apprezzarono i vantaggi di una sicurezza relativa, che si riflettevano nelle ville di cui era costellata la fertile campagna.

Le più prestigiose erano state disegnate dal grande architetto Peruzzi, la cui carriera aveva avuto inizio sotto gli auspici di Sigismondo e Agostino Chigi. Dei suoi palazzi a Siena nessuno è più bello della Farnesina o del suo capolavoro romano d'epoca posteriore, il curvo Palazzo Massimo alle Colonne; ma quanto scrisse su quest'ultimo William J. Anderson si può riferire anche al complesso della sua attività: « Sembra che il Peruzzi cercasse d'infondere nei metodi romani qualche tratto della raffinatezza greca che in parte possedeva d'istinto ». Antitetico in questo agli architetti del Seicento, quella sua raffinatezza era talmente discreta, che forse sarebbe più giusto definirlo un architetto per architetti, troppo sottile per poter essere apprezzato dai profani. Sappiamo dal Vasari che era tanto modesto, che non riscuoteva mai il meritato compenso, sia per i progetti di palazzi, sia per le scenografie, come quella della *Calandra*, la commedia del Cardinal Bibbiena che venne rappresentata davanti al Papa Leone X quando il Peruzzi, come si crede, inventò le scene mobili, impiegate per la prima volta in questa occasione. Il Vasari loda anche i suoi dipinti, ma solo pochi ci sono giunti nelle condizioni originali. I critici del passato, come il Lanzi, affermarono all'unanimità che il Peruzzi era insuperabile nella prospettiva e eccelleva nelle grottesche; nella Farnesina fu un pioniere della decorazione a trompe l'oeil.

Imprigionato e torturato dagli Spagnoli durante il terribile sacco di Roma nel maggio del 1527, il Peruzzi riuscì a fuggire per il rotto della cuffia e si diresse verso Siena. Il Vasari ci dice che sulla via del ritorno in patria fu « di maniera svaligiato e spogliato d'ogni cosa, che se n'andò a Siena in camicia. Nondimeno, essendo onoratamente ricevuto e rivestito dagli amici, gli fu poco appresso ordinato provisione e salario dal pubblico, acciò attendesse alla fortificazione di quella città ». In quest'epoca, « fece molti disegni di case a' suoi cittadini ». Sebbene il Vasari non specifichi di quali si tratta, si possono identificare come opera sua mercé la forza dell'evidenza: recano il marchio della sua personalità anche quando si tratta di ricostruzioni o di modifiche, come nel caso della villa-fortezza di Belcaro.

La storia della villa di Belcaro è così antica che i nomi dei suoi primi proprietari oggi non ci dicono più nulla: i Marescotti nel Duecento, i Salimbeni e i Savini nel Trecento, quando Nanni Savini la cedé a Santa Caterina perché la trasformasse in convento. Fu più volte demolita e ricostruita, finché nel 1525 l'acquistò il ricco banchiere Crescenzio Turamini, che fece disegnare al Peruzzi l'attuale villa, con la loggia e la cappella su un lato della fortezza. Purtroppo gli affreschi del Peruzzi nella loggia e nel salone d'ingresso, con scene amorose mitologiche ed arabeschi, sono andati rovinati da goffi restauri; ciò malgrado possiamo ben immaginare come dovevano essere: pari a quelli della Farnesina.

Nella sua posizione superba in cima a un alto colle, pochi chilometri ad ovest di Siena, sopra una densa macchia di lecci, « in una regione di viottoli profondi e di querceti color verde oro, con cipressi e pini e ruscelletti che da ogni parte scorrono sull'arenaria bruna », secondo la descrizione calzante di J. A. Symonds, la villa di Belcaro è visibile da lontano, e il panorama che si gode dai suoi bastioni è indimenticabile. Una passeggiata lungo questi bastioni, tra lo stormire delle foglie dei lecci, potrebbe essere un'esperienza degna di Amleto. La ristrettezza dello spazio a disposizione del Peruzzi ostacolò in certa misura il suo stile, come si vede soprattutto nel quadrilatero allungato del cortile interno, pavimentato a mattoni. La facciata sud della villa, di fronte al lungo edificio più basso riservato ai domestici, è racchiusa ai lati est e ovest da eleganti divisori ad arco di mattoni rossastri e di marmi. Oltre il divisorio ad est, che contiene due bei cancelli con pilastri e al centro un pozzo ad arco, c'è un tipico giardino cintato da un muro, con dietro una loggia ad arcate e la cappella di famiglia.

Un trofeo di palle di cannone e un'incisione sui bastioni tramandano il ricordo del grande assedio di Siena, quando Belcaro era in mano alle forze della Repubblica. Il 4 aprile 1554 fu attaccata da duemila fanti e cinquanta cavalieri spagnoli. Un drappello di soldati francesi la difese fino a mezzogiorno, quando fu ucciso il suo ufficiale; gli altri si arresero, e il castello fu saccheggiato. Negli ultimi giorni dell'assedio, il Marchese di Marignano, generale del Duca Cosimo, che asserragliava la città, vi tenne il quartier generale e ricevette i messi senesi che nell'aprile del 1555 vennero a concordare la resa. Belcaro, ch'era rimasta gravemente danneggiata dall'artiglieria, fu fatta restaurare dai Turamini; e quando questi si estinsero nel 1721, fu comprata dai Camaiori, che la restaurarono nuovamente nell'Ottocento.

Secondo la tradizione, il Peruzzi ha più o meno partecipato al disegno di sette o otto abitazioni di campagna vicino a Siena, come Vicobello, Celsa, Saracini, Le Volte Alte, Santa Regina, Santa Colomba, Anqua, e l'elegante fattoria chiamata L'Apparita. Nonostante la sua versatilità, egli non può certo aver disegnato tutte le case che gli si attribuiscono, e che probabilmente furon costruite sotto il suo influsso. Le sue costruzioni sono caratterizzate dalla purezza delle proporzioni e della prospettiva, da una delicatezza contenuta e da una compattezza vitale. La bellezza pervade superfici, toni, dettagli; e nondimeno l'insieme è austero come il verso di Swinburne: « Siena di solitudine sorella ». Qua e là sopravvivono tracce medievali, ad esempio nei bastioni o nelle porte fortificate di Belcaro; però l'equilibrio trionfa sempre, come nel cortile quadrangolare. Dopo la cattedrale zebrata e le merlature gotiche della città, gli stucchi guastati dal tempo, la pietra calcarea locale simile al travertino romano, e i mattoni scoloriti, posseggono un fascino pacato; ma l'estrema purezza della composizione può passare inosservata giacché raramente predomina, e non è mai teatrale. Il Peruzzi riservava la fantasia alla pittura; ma perfino nelle grottesche, come scrisse il Lanzi, imbrigliava il capriccio col discernimento: « Aggira e lega quelle immagini con meravigliosa simmetria, e se ne vale come di emblemi e di simboli verso i fatti a cui son vicine ». Nell'architettura era generalmente moderato, un araldo dello stile neoclassico.

Come un'oasi sul ripido crinale a nord della città, Vicobello viene seconda per fama fra le ville a lui attribuite. Il suo aspetto è così moderno che alcuni hanno messo in forse l'attribuzione al Peruzzi; ma l'unità stilistica è tipica del lavoro del Maestro, e dopo il Settecento non è stata quasi affatto alterata. Si aggiunga che la famiglia Chigi fu una delle prime a impiegare il Peruzzi a Siena e a Roma.

La casa consiste in un rettangolo rivestito di stucco color crema, e, come a Belcaro, un cortile la mette in comunicazione con le antiche scuderie, i magazzini e i quartieri per la servitù, ma è su scala più vasta. Di fronte all'ingresso sormontato da un arco, entro un muro a semicerchio, c'è un bel portone con statue. I giardini circondati da muri sono ad ovest della villa, limitati da una capace limonaia che prolunga la linea degli edifici annessi sul cortile. Un altro portone conduce dal giardino a terrazzo superiore a quello di sotto, con vasche e le tradizionali siepi di bosso. Questo giardino è tenuto con la massima cura, e la descrizione che ce ne dette Edith Wharton nel 1904 non può esser perfezionata nemmeno oggi:* « I digradanti giardini cintati », così scrisse, « con i loro livelli differenti, consentono molti begli effetti architettonici: ecco i busti nelle nicchie, gli scalini ricurvi, i vasi e le

* Edith Wharton:
Italian Villas and their Gardens.
New York 1904.

statue ben collocati; tutto l'ordinamento di Vicobello è notevole per la discrezione e la sicurezza del gusto con cui si sono aggiunti questi tocchi ornamentali. Non vi sono eccessi decorativi, né una folla di effetti, e la pianta del giardino è in perfetto accordo con la semplice maestosità della casa ». Memorabili sono soprattutto il pozzo monumentale in mezzo a colonne nel muro del cortile, e il portone ad arco che conduce al parterre superiore, terminante in una nicchia o tribuna coronata dalle armi dei Chigi, contro uno sfondo di venerabili cipressi; ugualmente monumentali sono gli enormi vasi di terracotta con piante di limoni e aranci, e i cedri frondosi.

Fra le attraenti sale nell'interno, custodite da un garrulo papagallo che è anche un fischiatore provetto, c'è un salone spazioso con tende affrescate a trompe l'oeil da un certo Spampani, sul conto del quale piacerebbe sapere qualcosa di più. In un boudoir agilmente dipinto si ammirano figurine di porcellana di Dresda, in equilibrio su mensole a muro. La castellana, Marchesa Ginevra Chigi Bonelli, mantiene vive e accoglienti queste stanze con la sua squisita ospitalità. Un elegante tavolino, reliquia di una visita fatta a Vicobello da Giacomo Casanova, contiene i trentasei curiosi gettoni dell'antico gioco chiamato « biribissi », così popolare nel Settecento.

Nelle sue formidabili *Memorie* il Casanova descrive un delizioso pranzo a Vicobello (da lui attribuito erroneamente al Palladio) nel maggio del 1770. La sua ospite, la marchesa Violante Chigi, era una vivace vedova di quarantasette anni, con tendenze letterarie; fra le carte del Casanova a Dux si trovarono alcuni dei suoi *vers de société*. Andata sposa giovanissima al Marchese Flavio Chigi Zondadori, gli aveva regalato dieci figli. Dopo la morte del marito, avvenuta nel 1769, si era scelta per motto « carpe diem »; e uno dei suoi intimi, l'arguto domenicano Padre Stratico di Pisa, aveva dato al Casanova una lettera di presentazione per lei. Gliene aveva data anche un'altra per il bibliotecario dell'Università di Siena, l'abate Ciaccheri, « un filosofo senza affettazione, e membro del nostro gregge », che lo scortò alla villa della Marchesa. Il Casanova scrive che quella signora lo cinse implacabilmente d'assedio. « La Marchesa era ancora avvenente, sebbene la sua bellezza avesse cominciato ad appassire; ma la dolcezza, la grazia, la spontaneità dei modi, supplivano all'assenza della gioventù. Sapeva tornire un complimento non appena le si offrisse il destro, ed era affatto immune da pose di superiorità ». E il Casanova soggiunge che più invecchiava, più lo avvinceva il fascino intellettuale delle donne... ma si sospetta che lo dicesse a mezza bocca.

In poche pagine, egli ci consente di gettare uno sguardo sulla vita letteraria di Siena, dov'ebbe per mentore l'abate Ciaccheri. Fu accompagnato, fra l'altro, in casa di due sorelle, Maria e Teresina Fortuna, la maggiore orrenda e la minore assai carina; ma la bruttona si era fatta una fama effimera in veste della « pastorella » Isidea Egirena dell'Accademia d'Arcadia. Tutti gli astanti si scambiarono versi secondo rime obbligate, e il Casanova rimase sbalordito dalla bravura di Maria; scoperta la sua identità, si ricordò di aver letto « le belle strofe ch'ella aveva scritto in lode del Metastasio. Glielo dissi, e mi portò il manoscritto con la risposta del poeta. Al colmo dell'ammirazione, rivolsi la parola a lei sola, e tutta la sua bruttezza scomparve per incanto ».

Questo incontro ispirò al Casanova una delle sue interessanti digressioni sull'arte dell'improvvisare e sulle virtù della lingua italiana; l'autobiografia, però, la scrisse in francese, « perché questa lingua è più largamente nota della mia ». Concludeva che il dialetto senese era più dolce e robusto del fiorentino, benché quest'ultimo potesse vantare la purezza classica, un vantaggio dovuto alla sua Accademia. Questo fu il periodo del massimo rigoglio delle accademie letterarie e dei poeti estemporanei, che equivalevano agli odierni campioni di telequiz. Parlando della celebre Corilla Olimpica, che improvvisava versi accompagnandosi col violino posato sulle ginocchia, e ch'era stata coronata poetessa laureata in Campidoglio, il Casanova espresse l'opinione che « anche se il suo merito appariva considerevole, era più orpello che oro, non certo tale da innalzarlo sullo stesso piano del Petrarca e del Tasso... per l'avvenire nessun uomo di merito genuino vorrà accettare l'onore che un tempo era salvaguardato con tanta cura dai giganti dell'umano intelletto ».

Abbiamo molte descrizioni delle eccezionali prodezze di Corilla, nonché di quelle del suo ancor più famoso predecessore, il senese Bernardino Perfetti, Cavaliere dell'Ordine di Santo Stefano e professore di giurisprudenza nella città natia che senza dubbio lo considerava degno della corona portata dal Petrarca. Nel 1739 così scriveva di lui il Presidente de Brosses: « Avrete udito parlare della categoria di poeti per cui è una bazzecola comporre una poesia estemporanea su qualsiasi soggetto gli si abbia a proporre. Il soggetto che demmo al Perfetti fu l'Aurora Boreale. Egli meditò, con lo sguardo rivolto in basso, per almeno la metà di un quarto d'ora, al suono di un clavicembalo che preludiava sotto voce. Quindi si alzò, e prese a declamare ottave in rima, dolcemente e strofa per strofa, mentre il clavicembalo continuava a suonare durante la recitazione, preludiando negli intervalli fra una strofa e l'altra. Dapprima queste si succedevano con una certa lentezza, ma a poco a poco il poeta divenne più animato, e alla sua stessa stregua anche il clavicembalo suonò sempre più forte, sinché alfine quest'uomo straordinario si mise a declamare come un poeta colmo d'afflato. L'accompagnatore al clavicembalo e lui continuarono insieme ad una velocità sorprendente. Quando ebbe finito, Perfetti appariva stanco; ci disse che non gli garba improvvisare spesso, perché ciò lo affatica di mente e di corpo. La sua poesia molto mi piacque; nel suo rapido declamare, mi

266

sembrava sonora, piena di idee e di immagini... potete comunque star sicuro che in effetti consisteva ben più in suono che in significato; impossibile che la costruzione generale non dovesse restarne il più delle volte storpiata e torturata, e che il contenuto non fosse altro che un cumulo di reboanti corbellerie ».

Una digressione chiama l'altra, ed è difficile resistere alla tentazione di citare il Casanova perché eccelle nel rievocare il clima della società senese nel Settecento.* Ma la sua visita a Vicobello ci ha distolti da altre ville senesi di questo capitolo.

Il dotto Joseph Forsyth, che si arrischiò a venire in Italia durante l'occupazione napoleonica per studiare le antichità, e dovette scontare la sua temerarietà con una lunga prigionia in Francia, visitò nel 1802 le ville dei Chigi a Cetinale e a Celsa; ma l'opinione che si formò dei proprietari terrieri senesi fu tutt'altro che lusinghiera. « Nati e cresciuti in città », scriveva, « vanno raramente nei loro possedimenti, se non in autunno per la villeggiatura; e anche in tal caso, non per ispezionarli o migliorarli; e nemmeno per godere le bellezze della natura o gli svaghi campestri; ma per bighellonare intorno alla villa così come bighellonano intorno alla città... Le ville sono necessariamente grandi per ospitare le frotte di scapoli, che debbono esser frutto del sistema vigente fra questa nobiltà: in generale gli zii e i fratelli dell'erede ereditano, come loro patrimonio, il diritto di ricevere vitto e alloggio in ogni casa appartenente alla famiglia.

« Nessuna di queste famiglie possiede tante ville quante i Chigi. Cetinale, che si trova in un ampio bosco di querce sparute, ad una decina di miglia da Siena, deve la sua ascesa e la sua celebrità ai rimorsi di un Cardinale libertino che, per placare lo spettro di un rivale assassinato, trasformò una cupa piantagione di cipressi in una tebaide penitenziale, ove si sottopose a tutta l'austera disciplina di un eremita egiziano. Un altro cardinale della famiglia Chigi, che poi divenne Alessandro VII, ne fece il suo ritiro preferito, seminando tiare di marmo su tutti gli angoli...

« Da Cetinale andammo a Celsa, altra villa grande e ancora più negletta, dove quadri ammuffiti e mobili smembrati erano sparsi qua e là a far bella mostra di sé. Attraversammo vigne ricchissime, colli rivestiti di ulivi, e percorremmo strade fiancheggiate di mirto selvatico; ma cercammo invano quei folti grovigli d'erbe e quelle ombrose masse d'alberi che distinguono un paesaggio inglese da ogni altro ».

Cetinale, a sud-ovest di Siena, appartiene ancora alla famiglia Chigi, ma è in triste stato di semisfacelo, e sembra destinata a subire lo stesso fato del romantico Désert de Retz. Fu disegnata per il Cardinale Flavio Chigi, uno dei nipoti di Alessandro VII, da Carlo Fontana, famoso allievo del Bernini; il Fontana, come sappiamo da un'incisione contemporanea della pianta, ebbe nel 1637 « la buona sorte di attuare le idee di Sua Eminenza per l'abbellimento della Villa di Cetinale ».

* Mémoires de J. Casanova de Seingalt, Tome XI, Cap. VII. Paris, 1932.

L'insigne matematico G. H. Hardy mi disse una volta che a suo giudizio nulla è più bello di una linea retta; perciò sarebbe rimasto entusiasmato dalla pianta di Cetinale, che si estende in una lunga linea retta partendo da un colosso di Ercole di fronte alla villa, alla fine di un viale rinchiuso da una vegetazione così fitta che la villa appena si vede, e che si allarga verso un incrocio con statue e un bassorilievo dov'è raffigurato il Cardinale Chigi nell'atto di ricevere il Granduca Cosimo, che vi dimorò nel 1691. La linea continua verso la facciata sud della villa, attraversando il giardino fiancheggiato da una limonaia. La seconda sezione dell'asse principale ha inizio dalla facciata nord, lungo una doppia fila di cipressi, aprendosi, oltre i cancelli, verso una ripida rampa di gradini di pietra tagliati verticalmente nel bosco di lecci, fino ad una cappella-eremo barocca a forma quadrata, punto focale della proprietà. Il bosco di lecci con cappelle e statue sparpagliate, è la Tebaide cui si riferiva James Forsyth.

La facciata sud della villa, un quadrato con ali aggettanti e una loggia con tre archi al pianterreno, ricorda le ville della Lucchesia. Evidentemente la loggia sovrastante fu murata in un secondo tempo, con ricchi stemmi sopra l'arcata di ciascuna finestra. La facciata nord, con la sua doppia rampa di scalini che sale all'imponente portone del primo piano, è più barocca come stile e più impressionante. Il pianterreno sotto la scalinata era adibito a cantine e a magazzini. Pochi vasi di limoni e qualche aiuola inzaccherata sono gli unici residui del parterre originale, ma due speroni di pietra concavi e coperti d'edera, con busti e obelischi di fronte alla facciata nord, danno un'idea di come poteva essere quando il Granduca Cosimo III dimorava a Cetinale; quel principe di una religiosità morbosa dovette apprezzare l'eremitaggio in cima alla collina.

Sul portico di Cetinale, Joseph Forsyth notò una curiosa iscrizione latina, di cui questa è la traduzione letterale:

Chiunque tu sia che t'avvicini,
Ciò che potrebbe orribile sembrarti
È amabile per me.
Se ti attira, rimani.
Mi farai cosa grata comunque.

L'autore fu probabilmente il Cardinale Chigi, e Forsyth si ricordò di un'altra iscrizione che aveva notato all'ingresso di una villa vicino a Maddaloni e che, a parer suo, era più pungente:

Ai veri amici
E, perché a pochi non s'apra,
Anche ai falsi.

Vernon Lee sospettò che si trattasse d'un casino da caccia o d'un nido di convegni galanti, trasformato dal Cardinale Chigi in ritiro spirituale; e descrisse il porporato che vi si recava annaspando in portantina, allorché « Sua Eminenza era diventato troppo vecchio e gottoso, o persino soggetto a convulsioni, per concupire ancora il Mondo e la Carne... E, onde evitare il pericolo che i ricordi degli antichi piaceri mondani ivi goduti avessero a ridestare peccaminosi rimpianti quando guardava d'edificio dalla finestra del palazzo di sotto, prese la curiosa precauzione di coprirne la facciata con una croce colossale, con nicchie e busti di santi, che dominavano i dintorni e gli rammentavano di aver installato un pio eremita nelle ampie stanze e nella cucina dove un giorno, brillante principe della Chiesa, soleva far la commedia della semplicità pastorale, guarnendo e cucinando la selvaggina che aveva ucciso, assieme a ninfe in pettorina e a gentiluomini in stivaloni che badavano al fuoco e lardellavano l'arrosto ».*

Cetinale, nella sua decadenza, rievoca la leggenda della Bella addormentata nel bosco. Perfino i carbonai hanno abbandonato quelle foreste di lecci. A circa un chilometro e mezzo oltre Cetinale, la mole turrita di Celsa si erge sopra la valle ombrosa di Rosia. Da quando la vide Forsyth, è stata considerevolmente restaurata in una felice fusione di medievale e barocco. Un tempo fortezza appartenente alla famiglia Celsi, oggi estinta, le sue fondamenta furono poste nel Duecento e nel Trecento. Nei primi decenni del Cinquecento fu fatta ricostruire da Mino Celsi, fautore di Lutero; ma il 18 maggio del 1554 fu devastata dalle truppe austro-spagnole, e subì lo stesso fato della villa di Belcaro. Il Repetti ne ha attribuito il disegno al Peruzzi, ma ciò è improbabile; solo la cappella isolata reca la firma autentica del Maestro. La rozza fortezza fu trasformata nell'età barocca in una villa civile con un giardino all'italiana; ma i merli e le bifore furono aggiunti molto più tardi, sotto l'influsso della rinascita gotica, senza danneggiare la struttura antica. Lo storico senese Ettore Romagnoli, che era anche un disegnatore meticoloso, schizzò una veduta del castello press'a poco quando lo visitò Forsyth; paragonandolo con l'aspetto attuale, si vede che le aggiunte neogotiche (anche se la torre a levante, simile a quella del Bargello, non è immune da critiche), costituiscono un miglioramento rispetto all'edificio cubico del disegno del Romagnoli.**

Il turrito edificio medievale si estende sui tre lati di un irregolare cortile aperto, separato dalla strada e dai giardini mediante un divisorio più basso con tre campate ad arco, sormontate da una balaustra ondulata, che va stranamente d'accordo con la struttura antica. Anche se c'è chi lo considera barocco a causa della balaustra, esso mostra affinità con altri divisori del Peruzzi, e potrebbe dunque essere precedente. Una terrazza chiusa da muri corre all'esterno, con un ingresso sulla strada. Di fronte, un altro muro fornito di balaustra protegge il giardino all'italiana in pendio da ambedue i lati di un largo sentiero, con gra-

* Vernon Lee: *The Golden Keys and other essays on the Genius Loci.* London, 1925.

** Nella Biblioteca Comunale di Siena si conservano due volumi di disegni intitolati *Varie bozze di vedute fatte da Ettore Romagnoli.* Alcuni di questi disegni son riprodotti in *Casabella* 330, Novembre 1968.

dini a intervalli, terminanti in una vasca semicircolare intatta dai venti della moda, alleggerendo così l'effetto del rude maniero di pietra sovrastante. Da qui la vista, in un paesaggio di singolare serenità, è certamente delle più amene.

La cappella circolare, con i suoi tetti soprammessi e l'elegante lanterna, che sorge isolata vicino all'angolo sud-est del castello, è il più probabile contributo del Peruzzi a questo complesso. La disposizione delle nicchie e delle finestre quadrate munite di griglie fra gli agili pilastri, la finestra tonda sopra la porta e le modanature e i pannelli semplici ma graziosi, sono senz'altro nel suo stile. Il fascino di questo conglomerato eclettico è irresistibile per un romantico, anche se può lasciare indifferente il purista.

Delle altre ville che si attribuiscono al Peruzzi, quella che richiama maggiormente l'attenzione nella sua antica grandiosità, come un palazzo romano trasportato in un umile borgo, è la remota Villa di Anqua, su un colle a sinistra del fiume Cecina. Appartiene ancora ai discendenti dei proprietari originàri, i Pannocchieschi d'Elci, che le dedicano tutte le loro cure. La villa Chigi Mieli, alle Volte Alte, a ferro di cavallo, risale al 1505 e fu evidentemente un preannuncio dell'eccelsa Farnesina: da tutti i suoi dettagli, cornici e stipiti delle finestre e delle porte, emana la personalità del Maestro.

Si attribuisce al Peruzzi anche il progetto dell'ardita scala a spirale nell'interno della villa di Santa Colomba. Fortezza dei Petrucci nel Trecento, fu rimodellata all'inizio del Cinquecento dall'Arcivescovo Petrucci, che l'adornò con statue entro nicchie, frontoni variegati e colonne a bugnato. Cosimo III la regalò al « Nobile Convitto Tolomei », che ne fu proprietario fino all'Ottocento, quando divenne un istituto nazionale per sordomuti. Nell'ultima guerra, l'interno fu rovinato dall'occupazione militare, ma adesso è sottoposto a opportuni restauri. Il giardino all'italiana era già scomparso perfino al tempo del Romagnoli.

Grazie all'attuale proprietario, che l'ha trasformata in una raffinatissima abitazione privata, la straordinaria fattoria dell'Apparita merita pienamente le lodi tributate dal Romagnoli alla bellezza delle sue proporzioni. Il ritmo armonioso della sua doppia fila di pilastri ed archi in mattoni di tinta pastosa, quelli della fila superiore più alti dei sottostanti, forma una loggia aperta di rara distinzione, una *maison de plaisance* ideale con un belvedere che fronteggia Siena. Si tratta di una gemma dell'architettura cinquecentesca, senza aggiunte né asportazioni né ornamenti superflui: un padiglione di « musica cangiata in pietra ».

Come la maggior parte dei castelli nelle vicinanze di Siena, quello di Sovicille fu spesso saccheggiato e incendiato dai fiorentini invasori fin dal Duecento. Ha subìto molte trasformazioni, ma conserva ancora alcuni frammenti delle mura antiche, soprattutto intorno alla torre dell'ingresso principale. Già Villa Palmieri Nuti, oggi Lechner, si erge sopra

274

il compatto villaggio e domina il panorama collinoso con la sua imponente facciata convessa, il cui particolare più notevole è l'elaborata scalinata tardobarocca, con un arco sull'altro e un cancello aperto che mette in comunicazione il castello col giardino e col paesaggio esterno. Contiene un ristorante, il « Vecchio Maniero », che invita a fermarvisi, dato che nella zona i ristoranti sono pochi e sparsi a distanza di miglia. Ha in comune con la villa Garzoni di Collodi la peculiarità pittoresca di servire da schermo o da scudo a difesa del villaggio situato alle sue spalle. L'ingresso è a un livello più basso rispetto alla parte anteriore del giardino, simile a una scogliera, con la sua panoplia di scale teatrali. Il Peruzzi nacque nel 1481 nei pressi di Sovicille.

Quasi nessuna di queste ville conserva intatti gli abbellimenti e la mobilia originali; Villa Bianchi Bandinelli a Geggiano costituisce un'eccezione notevole, perché dall'ultimo decennio del Settecento è rimasta virtualmente inalterata. La casa, che si trova pochi chilometri a nord-ovest di Siena sulla cima d'un colle, è una costruzione a tre piani con un attico di semplice dignità, e sorge in mezzo a un giardino all'italiana di limoni e siepi di bosso. Quando, verso il 1530, i Bandinelli ne entrarono in possesso mediante un matrimonio, era un'abitazione rustica con una torre medievale, le immancabili tinaie e il frantoio, ma fu ricostruita come oggi ci si presenta tra il 1780 e il 1790, incorporando parti dell'edificio preesistente. Dello stesso periodo sono il giardino quadrato e il teatro all'aperto. Gli archi gemelli del proscenio, che recano le armi dei Bianchi Bandinelli e dei Chigi Zondadori per commemorare un matrimonio tra le due famiglie, contengono sui due lati del palcoscenico le statue della Tragedia e della Commedia, opere dello scultore maltese Bosio, con un enorme cipresso nello sfondo e più oltre i colli rivestiti di olivi.

Qui vennero rappresentate le tragedie dell'Alfieri quando, nel 1783, se ne stampò a Siena la prima edizione; e si dice che il poeta si fosse riservato il ruolo del tiranno. Nella stanza d'angolo dove dormiva quando dimorava a Siena, ospite dell'amico Mario Bianchi Bandinelli, c'è un letto elaboratamente intagliato e dipinto, fabbricato a Siena, con tendaggi di seta e un copriletto ricamato della stessa epoca; ed è strano tentar di concepire il Fiero Astigiano dai capelli rossi in un simile ambiente. Ma sebbene egli fosse un precursore di Cavour e di Vittorio Emanuele II nel ridestare lo spirito nazionale italiano, restava un prodotto del Settecento. Richard Garnett ha osservato giustamente che l'Alfieri apparteneva a « un tipo più comune in Inghilterra che altrove, quello del patrizio repubblicano... animato da sincera passione per la libertà, e tuttavia arrogante, esigente, imperioso; infiammato da un amore disinteressato per l'uomo, e sempre in lite con gli uomini ». Inevitabilmente il pensiero corre a Savage Landor, che introdusse il poeta in due *Imaginary Conversations*. In Inghilterra l'Alfieri era molto letto, e è ben noto il suo influsso su Byron: i loro caratteri si rassomigliavano in maniera sorprendente. Gli ultimi due atti della *Mirra* fecero venire le convulsioni a Byron: « e con questa parola non intendo gli isterismi delle signore », egli scrisse, « ma l'angoscia di lacrime riluttanti e il brivido soffocante cui non mi capita spesso di soggiacere in campo letterario ». Anche nello stile si studiava di esser « semplice e severo come l'Alfieri ». Piacerebbe sapere quale delle tragedie di quest'ultimo fu rappresentata, senza dubbio da dilettanti, nel teatro all'aperto di Geggiano. In genere esse contengono solo quattro o cinque protagonisti in situazioni drammatiche, con sottintesi politici che facevan fremere la giovane generazione. Oggi non farebbero fremere nessuno, ma nell'Italia settecentesca delle Accademie, dei cicisbei e delle preziosità arcadiche, apparivano rivoluzionarie. Per giunta, la lunga relazione dell'Alfieri con la Contessa d'Albany, prima moglie e poi vedova del Principe Carlo Edoardo Stuart, il Pretendente Giovane, ponevano in maggior risalto il suo fascino personale.

Il lato più frivolo della vita settecentesca si rispecchia nell'interno di Geggiano dal momento in cui si entra nel lungo vestibolo a volta, interamente affrescato con scene bucoliche delle stagioni, inframmezzate da ritratti della famiglia Bianchi Bandinelli, di Alessandra Mari di Arezzo (che alla fine del secolo capeggiò la spedizione sanfedista e antifrancese chiamata « Viva Maria » o « Guerra degli Aretini »), e di Perellino, un famoso cantante appartenente alla cerchia senese dell'Alfieri. Porte dipinte proseguono la composizione delle pareti, e rami fronzuti si piegano sul curvo soffitto. A parte i ritratti dei personaggi, il pittore tirolese Ignazio Moder basò i propri disegni sulle stampe del Bartolozzi, ricavate dagli originali di Giuseppe Zocchi. Sembra strano che a decorare una villa della campagna senese avessero collaborato uno scultore di Malta e un pittore del Tirolo, e che fosse un poeta piemontese a rianimarne il teatro all'aperto; ma evidentemente Mario Bianchi Bandinelli era un cosmopolita.

Un salotto a forma di corridoio esce dal vestibolo a volta, con un sofà di lunghezza fuor del comune, che si accaparra l'intera estensione d'una parete. Non fosse per gli arabeschi in stile Luigi XVI, parrebbe di trovarsi a miglia di distanza da Siena, in un vagone di lusso riservato alle teste coronate. Le mensole che reggono vassoi laccati e gli armadi dipinti farebbero venire l'acquolina in bocca a qualunque arredatore; d'altronde, tutto l'interno di questa villa è il sogno di un arredatore tradotto in realtà.

Accanto alla camera ornata in cui dormiva il poeta tragico c'è una stanza celeste, dal mobilio dipinto a colori che s'intonano con le pareti; la rara carta da parati, a disegni di bianche colonne corinzie ed archi contro lo sfondo turchese pallido, fu comprata a Parigi in un negozio chiamato *Au Grand Balcon*. Un salottino adiacente contiene pannelli dipinti che imitano arazzi fiamminghi e graziosi mobili verdi adorni di fiori dalle tinte vivaci. Un'altra camera da letto è interamente tappezzata di panno decorato con figure di cineserie color ruggine su bianco crema, ispirate a un disegno di Pillement, e armadi e sedie ripetono il motivo del tessuto: il tutto, nonostante l'età, appare nuovo di zecca. Pareti, porte, soffitti e mobili sono rimasti virtualmente intatti dopo il Settecento. Inoltre, l'attuale proprietario ha trasferito nella villa alcuni pezzi Impero originali che si trovavano in un'altra villa Bianchi Bandinelli vicino a Siena: furono disegnati verso il 1820 da Agostino Fantastici, del quale si conserva un album di disegni nella Biblioteca Comunale di Siena. La biblioteca di Geggiano contiene un interessante ritratto di Mario Bianchi Bandinelli (1799-1854) con i fratellastri che attorniano un busto del padre, nello stesso stile del ritratto di Francesco I di Napoli e dei familiari intorno al busto del padre Ferdinando, dipinto da Giuseppe Cammarano. Questo Mario era nipote dell'amico dell'Alfieri, e conosceva anche Stendhal; per questo la biblioteca di Geggiano è colma d'intime associazioni, sia letterarie che storiche. Quelle che si riferiscono al repubblicano Alfieri fanno dimenticare che la Toscana fu uno degli Stati d'Europa meglio governati sotto il Granduca Pietro Leopoldo di Asburgo, un coscienzioso riformatore che attuò molte idee filantropiche avanzate.

Magari ci fossero nei dintorni di Siena altre residenze di campagna conservate scrupolosamente come Geggiano! Se lo si paragona con quello d'altre province, tuttavia, il paesaggio rurale di Siena è sfuggito finora ai tentacoli ingordi delle società per l'incremento edilizio e degli speculatori; al tramonto, nei boschi di lecci, gli usignoli cantano tuttora a voce spiegata.

Anzi, la città di Siena, quell'« avamposto della civiltà medievale », è diventata un modello urbanistico quando ha bandito il traffico motorizzato dal suo centro storico. È una soddisfazione profonda, anche allorché ne siamo lontani, sapere che il Campo, quella sua gran rarità in forma di conchiglia, non è adibito a pubblico parcheggio. Ma il sistema spagnolo cosiddetto *parador* potrebbe ancora salvare alcune case della campagna senese che stanno andando in rovina.

POSCRITTO

Naturalmente ci sono molte, moltissime altre ville e giardini della Toscana che avrebbero potuto essere inclusi in questo volume; ci par già d'immaginare i mormorii di delusione di certa gente che aveva visitato « una villa così simpatica (vediamo un po', dov'era precisamente?)... anni fa apparteneva alla suocera della cognata di mia cugina ».

Perché no, per esempio, l'Ombrellino, la casa di Bellosguardo abitata da Galileo fra il 1617 e il 1631; intorno al 1860 da Marcellin Desboutin, meglio noto per la sua aria di strafottenza ne *L'Absinthe* di Degas che per le incisioni a puntasecca o il dramma *Maurice de Saxe,* rappresentato nel 1870 alla Comédie Française; e, nel nostro secolo, dalla spiritosa e ospitale Signora Keppel? Ma per quanto sia reso interessante e piacevole dalle reminiscenze che suscita, l'Ombrellino soffrì delle drastiche trasformazioni operate nel corso dell'Ottocento, presumibilmente quando apparteneva alla famiglia russa Zoubow. La signora Keppel fece togliere le escrescenze dalla terrazza sul davanti e sostituì con statue veneziane le sgargianti palme vittoriane; ma anche così, la casa è un pastiche pretenzioso, il cui interno era animato soltanto dalla padrona di casa e dalla fiumana dei suoi ospiti. Quando la figlia, Violet Trefusis, ereditò la villa, cercò d'infondervi un po' di quell'atmosfera parigina che la mandava così in solluchero, con l'ausilio di *papiers peints* esotici, cineserie, un busto alla Houdon, uno storione d'argento e consimile paccottiglia su cui si beava d'intessere fantasie alla maniera della sua amica Louise de Vilmorin. La signora Keppel soleva far esercizio d'italiano col giardiniere ripetendogli l'ingiunzione :« Bisogna begonia! ». Il giardino, peraltro, è poco più d'un parterre-piedistallo per una veduta spettacolosa di Firenze, forse d'una vastità eccessiva: personalmente preferiamo quella che si gode da Villa Capponi.

Dal punto di vista architettonico si distingue piuttosto la vicina Villa Mercede sulla Piazza di Bellosguardo, per merito del suo armonioso cortile di Baccio d'Agnolo; ma cortili di tipo analogo ne abbiamo inclusi, e la facciata disorganica e asimmetrica è alquanto insignificante.

Altri potrebbe chiedere: e Villa Stibbert? Questa ha un curioso aroma d'« epoca », di genere storico-istrionico, con le sue finestre di vetro a colori e l'ombroso parco all'inglese, dove il Console di Sua Maestà Britannica riceve una volta all'anno la rarefatta colonia inglese in occasione del genetliaco della Regina. Lasciata in testamento a Firenze da Frederick Stibbert, che aveva combattuto con Garibaldi, la villa contiene un sorprendente assortimento di quadri, arazzi, maioliche, armature europee e giapponesi, e reliquie sul tipo delle vesti di Napoleone quando fu incoronato Re d'Italia... vero sollazzo per i ragazzini. Ma la villa è toscana soltanto d'adozione.

Fra le ville rustiche cinquecentesche, quella di Bagazzano con la sua loggia graziosa meritava di figurare in questa raccolta perché è rimasta intatta. La sua gran lontananza in cima a un colle ricoperto di lecci e di cipressi l'ha salvata da manomissioni posteriori; ma il suo fascino austero non è precisamente fotogenico, e per renderne la particolare atmosfera ci vorrebbe un altro Corot.

Per contrasto, fummo tentati d'includere un giardino dedicato interamente ai fiori, raggruppati secondo squisiti schemi coloristici: quello di Casa San Martino ad Arcetri. La prospettiva di oliveti e vigneti ondulanti nello sfondo è impeccabilmente toscana, ma il giardino di per sé stesso ricorda il Sussex.

Tutta la regione del Chianti e i paraggi di Siena e di Lucca offrono una varietà allettante di case di campagna grandi e piccole in posizione poetica, annidate in cantucci remoti dalle strade principali o in cima a colline solitarie. Molte sono abbandonate, con le imposte chiuse fasciate di ragnatele, l'intonaco che si stacca a toppe dai muri chiazzati, i giardini inselvatichiti, le fontane asciutte, i cancelli, sormontati di stemmi, in balìa della ruggine; e non sono i meno interessanti, questi abituali ritrovi di civette, pipistrelli e usignoli. Come l'Apparita vicino a Siena, restaurata in tempi recenti, ci può essere ancora qualche casa caduta in oblio, che fu disegnata da un Peruzzi e che attende un abitante di spirito avventuroso. Ma ahimè, il gracile bungalow e la villetta prefabbricata stan diventando più popolari della vecchia, amena casa colonica con i suoi solidi muri e le sue nobili proporzioni, benché alcuni begli esemplari di quest'ultima siano stati abilmente adattati alle esigenze moderne. E antichi castelli che potrebbero ancora esser resi abitabili stanno lentamente crollando.

Le ville che abbiamo scelto sono, secondo noi, le più rappresentative per una ragione o per l'altra: le più tipicamente toscane. Non ci siamo proposti di rivaleggiare con i compendiosi volumi del signor Lensi Orlandi o con *Le Ville Lucchesi* della signora Belli Barsali, inestimabili come opere di consultazione. Sulle ville di Siena non esistono pubblicazioni di utilità paragonabile a queste. La nostra è stata unicamente una fatica d'amore.

Come in altre parti d'Italia, troppe ville hanno sofferto dello spopolamento delle campagne, e stanno andando in sfacelo a causa di pura e semplice incuria. Speriamo ardentemente che possano scampare alla rovina definitiva mentre ci sarebbe ancora modo di renderle nuovamente abitabili oppure, in mancanza di meglio, di adattarle a scuole o a centri di cultura, sull'esempio di quanto si è fatto in Inghilterra. Possa questo libro servire da stimolo a organizzazioni finanziate dallo Stato, oppure a filantropi dotati di senso estetico e di denaro da investire: sarebbe triste davvero se non dovesse esser altro che un ricordo di monumenti scomparsi del versatile genio toscano.

NOTE
ALLE TAVOLE

*I numeri arabi dopo i nomi delle ville si riferiscono alle fotografie in bianco nero;
i numeri romani alle tavole a colori; e i numeri delle pagine alle illustrazioni
nel testo.*

VILLE MEDICEE

Il Trebbio (1)

Cosimo de' Medici il Vecchio dette incarico a Michelozzo di trasformare questo
castello quadrato del Trecento, con un cortile interno e una torre di guardia, in
una villa abitabile; il sapiente architetto vi riuscì, rispettando le origini medievali.
Per un certo periodo fu residenza del famoso condottiero Giovanni dalle Bande
Nere e di sua moglie Maria Salviati; e al Trebbio si trovava nel 1537 il loro figlio
Cosimo quando fu informato dell'assassinio del Duca Alessandro, al che lasciò
subito la villa per assumere il potere a Firenze. Nel 1644 fu venduta a Giuliano
Serragli, che la lasciò in legato ai Padri Filippini; nel 1684 la comprò dallo Stato
il Principe Marcantonio Borghese, e nel 1936 fu religiosamente restaurata dal suo
defunto proprietario, Dottor Enrico Scaretti. Il giardino del Quattrocento è pra-
ticamente inalterato; nell'Ottocento vi fu piantato un romantico boschetto di
cipressi.

Cafaggiolo (2, 3, e pag. 42)

Cosimo de' Medici il Vecchio fece costruire questa villa da Michelozzo nel 1451
sotto forma di un castello fortificato. Michelozzo disegnò inoltre il giardino e le
case coloniche e le strade adiacenti. Cosimo fece anche circondare la villa con
mura e con un fossato, che sono scomparsi nell'Ottocento; così pure è scomparsa
una delle torri. Il disegno originale era un semplice quadrato, con tre cortili interni e due torri.

Per molti anni restò dimora estiva dei Medici, che vi ricevevano ospiti illustri,
compresi i Papi Eugenio IV nel 1436 e Pio II nel 1459. Lorenzo e Giuliano de'
Medici vi passarono gran parte della prima gioventù, e più tardi vi furono ospiti
frequenti Pico della Mirandola, Marsilio Ficino e il Poliziano; quest'ultimo era
il tutore dei figli del Magnifico. Il Granduca Cosimo I teneva nel parco il suo zoo
di animali rari. Nel 1576 la villa fu teatro di una tragedia di famiglia: il dissoluto
Pietro, figlio del Granduca Cosimo, assassinò la giovane moglie Eleonora da Toledo
nella camera da letto di lei, « per vendicare il suo onore ». Il Granduca Francesco
e la sua amante Bianca Cappello l'adopravano di quando in quando come casino
da caccia. Gli Asburgo Lorena, succeduti ai Medici, continuarono la tradizione,
e vi ospitarono Re Francesco I delle Due Sicilie. Nel 1864 la comprò il Principe
Borghese, insieme con la villa del Trebbio sulla collina retrostante; il suo architetto è responsabile della distruzione delle mura e della torre centrale, nonché
della colmatura del fossato, a danno del disegno di Michelozzo. Il parco e le

fontane che circondavano la villa non esistono più. Un'idea esatta della posizione originale può darcela la lunetta seicentesca dipinta da Giusto Utens, che si trova al Museo « Firenze com'era ».

L'antica fortezza quadrata che qui si trovava in origine fu trasformata in una villa solida e sontuosa da Michelozzo, per il suo mecenate Cosimo il Vecchio. La corona una galleria merlata aperta, che corre sotto il tetto e le dà un aspetto medievale. L'aveva comprata nel 1417, da Tommaso Lippi, Lorenzo di Giovanni di Bicci de' Medici e la lasciò al figlio Pier Francesco. In una divisione delle proprietà di famiglia, la villa fu assegnata a Cosimo il Vecchio, che vi passò gli ultimi anni di vita; e divenne la più famosa villa di Firenze, convegno di studiosi e artisti attirati dalla liberalità dei Medici, e centro dell'Accademia Platonica fondata da Marsilio Ficino. Dopo la cacciata dei Medici nel 1494, i più estremisti fra i loro oppositori la incendiarono; il Granduca Cosimo I, del ramo cadetto, la fece restaurare e affrescare dal Pontormo e dal Bronzino, ma i suoi successori la trascurarono. Nel 1799 gli Asburgo Lorena la vendettero, e da allora ha avuto molti proprietari. Oggi è annessa al vasto complesso ospedaliero di Careggi.

Careggi (4-7, III)

Cosimo il Vecchio comprò questa spettacolare proprietà dalla famiglia Baldi nel 1458, e la fece ricostruire da Michelozzo; ma i proprietari successivi ne hanno molto alterato il carattere quattrocentesco. La villa mantiene tuttavia il suo fascino primitivo, per merito del giardino pensile da cui si gode una magnifica vista. Durante il regno di Lorenzo il Magnifico, divise con la villa di Careggi la fama di centro degli umanisti fiorentini, dove si riunivano i più famosi artisti, filosofi e uomini di lettere. Qui il Poliziano compose il suo *Rusticus* e la congiura dei Pazzi, ordita allo scopo di assassinare a Villa Medici Lorenzo e il fratello Giuliano durante un banchetto, fu rimandata perché Giuliano era indisposto. Dopo che Cosimo III l'ebbe venduta, nel 1671, passò per diverse mani, finché nel 1772 la comprò la Contessa di Orford. Nell'Ottocento appartenne al versatile pittore inglese William Spence, al Colonnello Harry Macalmont, e infine a Lady Sybil Cutting e a sua figlia, la Marchesa Iris Origo.

Villa Medici (Fiesole) (8, 9, IV)

Questa villa austera, di forma quadrata, sorge sul sommo di un colle. Vi si accede da una doppia rampa di scale disegnata per il Granduca Cosimo I nel 1565-1567 da Bernardo Buontalenti. Un corridoio conduce dalla facciata anteriore della villa alla chiesa e alla fattoria adiacenti. In origine apparteneva ai Conti Guidi; diventò famosa in seguito all'assassinio d'Isabella de' Medici, figlia di Cosimo I, che vi fu strangolata dal marito Giordano Orsini, Duca di Bracciano, a causa della sua relazione con Troilo Orsini, cugino di lui.

Cerreto Guidi (10, 11)

Questa villa grandiosa ed elegante fu disegnata nel 1480 da Giuliano da Sangallo. La pianta è a forma di H, con una facciata che contiene una loggia aperta. La doppia scala ricurva che vi conduce fu aggiunta in epoca successiva da Stefano di Ugolino da Siena. La loggia centrale, con il suo fregio robbiano e le armi dei Medici, fu aggiunta da Giovanni de' Medici, figlio di Lorenzo il Magnifico, che divenne Papa col nome di Leone X. La villa era appartenuta ai Cancellieri di Pistoia, che nel 1420 l'avevano venduta a Palla Strozzi. Lorenzo il Magnifico

Poggio a Caiano (12-14)

la comprò dai Rucellai, e le dette il nome di « Ambra » (da un torrentello che formava un'isoletta, congiungendosi con l'Ombrone), e ne celebrò in poesia il fascino, come fece anche il Poliziano, che era precettore dei suoi figli. La famiglia Medici continuò ad abbellirla, e Papa Leone X fece eseguire gli affreschi nel salone centrale. Nel 1581 Montaigne la visitò e la descrisse. Il Granduca Francesco I e la sua seconda moglie Bianca Cappello vi morirono tutti e due nel 1587, in circostanze che ai contemporanei sembrarono sospette. Quando Firenze divenne capitale d'Italia, la villa e il giardino furono notevolmente trasformati da Vittorio Emanuele II, che soleva abitarvi con la moglie morganatica, la Contessa di Mirafiori. Ora la villa appartiene allo Stato, e vi si stanno operando provvidenziali restauri.

La Magia (15-17)   Questa villa fu costruita nel 1318 da Vinciguerra Panciatichi nei pressi di Quarrata, ad ovest di Firenze; in origine era un fortilizio. Al principio del Cinquecento, i suoi discendenti vi si fortificarono dopo esser stati sconfitti dai Cancellieri di Pistoia. Il castello era stato trasformato in una residenza di campagna, allorché nel 1536 il Duca Alessandro de' Medici vi ricevette Carlo V, come ricorda una lapide vicino all'ingresso. Nel 1583 la comprò il Granduca Francesco I, che la fece rammodernare dal Buontalenti: è un'irregolare costruzione quadrata, con un bel cortile interno e una torre d'angolo. Il parco confinava con le terre di Poggio a Caiano, dove spesso i Medici andavano a caccia. Nel 1645 la villa fu venduta a Pandolfo Attavanti, e dopo ai Ricasoli, finché la acquistarono gli Amati di Pistoia, i cui discendenti l'hanno mantenuta in buone condizioni.

Pratolino (18-20 e pag. 61)   Questa villa, a circa dieci chilometri da Firenze sulla vecchia Via Bolognese che attraversa il Passo della Futa, deve esser stata una delle più belle fra quelle appartenute agli ultimi Medici. Il Granduca Francesco la fece disegnare al Buontalenti, ma questo edificio andò distrutto, e esistono soltanto scarsi residui del giardino originale. L'antico aspetto è tramandato da incisioni di Stefano della Bella e Giuseppe Zocchi, e dalla lunetta dipinta da Giusto Utens; ci sono inoltre le dettagliate descrizioni di Montaigne (1580, prima che la villa fosse finita), di John Evelyn (1645), e d'altri viaggiatori. Il giardino, con le sue fontane, le statue, le grotte, i laghi, i viali, i boschetti e le cascate, era una delle meraviglie di Firenze. La colossale statua dell'Appennino, del Giambologna, si è rivelata abbastanza solida da sopravvivere all'olocausto. Il figlio maggiore di Cosimo III, Principe Ferdinando, fece costruire nella villa da Antonio Ferri un teatro dove si davano esecuzioni perfette delle opere di Scarlatti e di altri grandi compositori; ma dopo la sua morte, avvenuta nel 1713, la proprietà cadde in un triste stato di abbandono. Era ormai ridotta in condizioni pietose quando nel 1814 il Granduca austriaco Ferdinando III decise di farla demolire, trasformando in un parco da caccia il fantastico giardino, con le sue molte « belle e stupende invenzioni... messe in movimento da diverse macchine nascoste che funzionavano ad acqua ». Nel 1872 comprò la tenuta il Principe Paolo Demidoff, e fece restaurare la vecchia *paggeria* per abitarvi. Recentemente vi ha apportato delle migliorie il suo discendente, Principe Paolo di Jugoslavia.

Castello (21, 22, V)   Questa villa solida e austera, dalla facciata leggermente ricurva, sorge sulle pendici di Monte Morello; dietro di essa si estende il magnifico giardino. Appar-

teneva ai Medici da quando l'avevano acquistata e riempita d'opere d'arte i bisni-
poti di Cosimo il Vecchio, ma il giardino fu abbellito dal Granduca Cosimo I, che
vi fece apportare migliorie su vasta scala dal Tribolo, con fontane e giochi d'acqua,
statue di marmo e di bronzo (alcune del Giambologna e dell'Ammannati), grotte,
frutteti e labirinti, descritti entusiasticamente dal Vasari e da Montaigne (*Journal
de Voyage en Italie,* 1580), che vi notò, fra l'altro, la Chimera d'Arezzo prima che
fosse restaurata, senza sapere quanto era antica. L'opera del Tribolo fu continuata
dal Buontalenti. Qui visse Cosimo I con la seconda moglie Cammilla Martelli
quando si ritirò dalla vita pubblica, e qui morì nel 1574 a cinquantacinque anni,
dopo avere regnato per trentasette. Oggi la villa è sottoposta a restauri come
sede dell'Accademia della Crusca.

In origine era un castello turrito dei Brunelleschi, che nel 1364 lo difesero valo-
rosamente contro gli attacchi dei Pisani e dei loro mercenari anglo-germanici
guidati da Sir John Hawkwood. Nel 1575 il Cardinale Ferdinando de' Medici
acquistò il castello da Lisabetta Tornabuoni, vedova di Filippo Salutati; e lo fece
trasformare dal Buontalenti in una elegante villa circondata da uno spazioso giardino. È una solida struttura quadrata, dal tetto sporgente e con una torre di
guardia medievale. L'interno fu affrescato dal Volterrano con scene della carriera
di Cosimo I, che furono fatte restaurare da Vittorio Emanuele II dopo che i suoi
predecessori le avevano coperte d'intonaco; il re ci visse con la moglie morganatica,
Contessa di Mirafiori. La famosa fontana del Giambologna con Venere che si
strizza i capelli — gloria del giardino — fu qui trasportata nel Settecento dalla
vicina villa di Castello. Dal 1919 appartiene allo Stato.

La Petraia (23, 24, II)

Questo maestoso edificio rettangolare, con contrafforti agli angoli e innumerevoli
comignoli, fu costruita dal Buontalenti nel 1594 ad uso di casino da caccia per il
Granduca Ferdinando I, e non teme confronti con l'altro capolavoro dello stesso
architetto che si trova a Firenze, il Forte di S. Giorgio (o del Belvedere), costruito nel 1590-1595. Una loggia armoniosa alleggerisce la pesantezza della facciata bianca. La scalinata d'ingresso fu aggiunta in questo secolo sul modello di
un disegno del Buontalenti che è agli Uffizi. Un tempo si chiamava Villa Ferdinanda, dal nome del Granduca che l'aveva fatta costruire e che preferiva questo
territorio per le sue battute di caccia. L'interessante serie di lunette raffiguranti
ville Medicee dipinte da Giusto Utens, che si trova adesso nel Museo « Firenze
com'era », adornava in origine la sala centrale di Artimino.

Artimino (25)

Un bel viale in salita conduce da Porta Romana alla vasta piazza a semicerchio
davanti a questa villa imponente, il cui aspetto esterno è stato completamente
trasformato nel corso dell'Ottocento da architetti neoclassici di mediocre talento.
Nel 1864 diventò un collegio femminile alla moda. In origine fu un castello dei
Baroncelli, ma apparteneva ai ribelli Salviati nel 1565, allorché Cosimo I la con-
fiscò e la dette alla figlia Isabella Orsini, Duchessa di Bracciano; dopo la tragica morte
di lei, la ereditarono gli Orsini. La moglie di Cosimo II, Granduchessa Maria Maddalena d'Austria, la comprò nel 1619; da ciò deriva il nome d'« imperiale ». L'incarico d'ingrandirla nello stile del Buontalenti, come si può vedere dalle stampe
dello Zocchi, fu affidato a Giulio Parigi. Per la sua vicinanza alla città, è stata
una residenza favorita dei Medici e dei loro successori.

Poggio Imperiale (26)

Ambrogiana (27) Questa villa maestosa fu ricostruita sulle fondamenta di una dimora più antica appartenuta agli Ardinghelli nel 1587, quando la comprò il Granduca Ferdinando I. Del disegno dovette esser autore il Buontalenti, o forse un suo allievo: la pianta è quadrata, con quattro torri imponenti agli angoli, e quattro ingressi con viali di platani sopra la confluenza dei fiumi Arno e Pesa, a Montelupo, ad ovest di Firenze. Il Granduca Cosimo III riempì le camere di dipinti di animali e fiori rari, che da allora sono andati dispersi. Di quando in quando serviva da casino da caccia e da abitazione per i visitatori più illustri; però era meno popolare delle altre ville Medicee di campagna per la sua posizione esposta ai venti, come lamentò in una lettera scritta sul posto nel 1683 Francesco Redi, poeta e medico di corte. Oggi la villa si trova in miserevole stato, ed è adibita a manicomio criminale.

Lappeggi (28) Della bella villa e del complicato giardino tramandati dall'incisione dello Zocchi, resta pochissimo. La lunetta di Giusto Utens, appartenente alla serie sopraccitata, descrive la villa com'era allorché il Cardinale Francesco Maria, fratello del Granduca Cosimo III, la fece trasformare da Antonio Ferri. Quel buontempone del Cardinale voleva ch'essa emulasse le meraviglie di Pratolino; ma a quanto pare voleva anche che fosse costruita in fretta. Finché ebbe vita (morì nel 1711), la impiegò interamente nel far festa, come sappiamo dal poeta Fagiuoli e da Francesco Redi. La Principessa Violante di Baviera, nuora di Cosimo III, abitò a Lappeggi dopo il 1714; nel 1816 la villa fu venduta all'asta, ma da allora è andata rapidamente deteriorandosi.

VILLE DI FIRENZE E DINTORNI

Montegufoni (29-31, VI) Questa drammatica villa-fortezza apparteneva già nel Duecento alla famiglia Acciaiuoli, il cui membro più celebre diventò Gran Siniscalco di Napoli per essersi guadagnato il favore di Re Roberto e della Regina Giovanna. Quando il Re d'Ungheria invase Napoli, Niccolò Acciaiuoli accompagnò a Montegufoni il suo protetto Lodovico di Taranto, secondo marito di Giovanna, mentre la Regina fuggiva ad Avignone. Il castello subì molte trasformazioni nel corso dei secoli; le sette case di cui era composto vennero unite in un'unica costruzione. La torre centrale, che ricorda quella di Palazzo Vecchio, fu costruita nel 1386 e restaurata in vari periodi; la facciata barocca fu aggiunta nel Seicento, insieme con un giardino all'italiana, fontane e una grotta incantevole. La cappella privata sul lato est fu costruita nel 1680. Sir Osbert Sitwell, il suo proprietario recentemente scomparso, ha descritto con estrema eloquenza Montegufoni nell'autobiografia; adesso è messa in vendita dai suoi eredi.

Palmieri (32 e pag. 147) Secondo la tradizione, questa grandiosa villa in splendida posizione immediatamente sotto San Domenico di Fiesole fu il rifugio di Giovanni Boccaccio e del suo gruppo di giovani amici che, come si narra nel *Decamerone,* fuggirono la peste del 1348. Ma la descrizione del giardino fatta dal Boccaccio era probabilmente inventata, un'idealizzazione d'altri giardini da lui visti. Si sa che nel 1350 la villa apparteneva a Nuccio Solosmei, e che nel 1454 fu venduta al ricco farmacista

Marco Palmieri, padre dell'illustre uomo di stato e di lettere Matteo Palmieri, autore della *Città di Vita*. Nel 1697 il suo discendente Palmerio Palmieri ingrandì villa e giardino, aggiungendo la spaziosa loggia e la doppia scala curva che dalla terrazza scende al giardino. Nel 1766 vi abitava l'eccentrico Conte Cowper, e nel 1824 la comprò la signorina Mary Farhill, che la lasciò in testamento alla Gran-duchessa Maria Antonia di Toscana; questa la vendette al dotto filantropo Conte di Crawford, il quale fece costruire una nuova strada per San Domenico, al posto di quella vecchia che divideva la proprietà, e piantare dei magnifici alberi sulla collina dietro la villa. La Regina Vittoria vi soggiornò due volte in occasione delle sue visite a Firenze.

Un maestoso viale di cipressi conduce alla casa partendo da un imponente cancello con le armi dei Capponi. La nobile facciata fu ricostruita nel Seicento in sobrio stile barocco toscano; ma il giardino all'italiana che l'attornia fu progettato nel nostro secolo da Arthur Acton; questi raccolse statue e altre sculture del Seicento e del Settecento per le terrazze sul pendio della collina, e fece piantare gli svariati cipressi, pini, e siepi sagomate di tasso e di bosso. Il pomario cintato di muri a nord della casa termina con una leggiadra limonaia, che formava in antico il « giardino segreto ». Nel Gabinetto dei Disegni e Stampe degli Uffizi si conserva una pianta originale della villa, opera di Giorgio Vasari il Giovane (1598); essa è stata pubblicata nel 1970 presso le Edizioni Officina, Roma (Giorgio Vasari il Giovane: *La Città Ideale, a cura di Virginia Stefanelli. Introduzione di Franco Borsi*). Questa pianta rappresenta l'aspetto quattrocentesco della villa, con un caratteristico cortile aperto e un pozzo al centro. La Pietra era appartenuta alla ricca famiglia dei Sassetti, che nel Cinquecento la vendettero ai Capponi. Nel Seicento un cardinale della famiglia la ingrandì e rammodernò, conservando la maggior parte dell'interno al pianterreno; le modifiche furono probabilmente affidate a Carlo Fontana, che costruì il Palazzo Capponi in città. I Marchesi Incontri la ereditarono dal Marchese Gino Capponi, lo storico famoso; al principio di questo secolo, la acquistarono Arthur e Hortense Acton.

La Pietra (33-42, VII-XI)

Il semplice esterno di questa villa turrita del Cinquecento, che segue la curva della strada, nasconde un interno delizioso, con un corridoio che conduce ad un lungo prato verde e a un giardino di limoni, e un altro corridoio che porta alla vasta terrazza da cui si scende in un giardino recinto con muri e ad altri giardini al disotto; questi terminano in una piscina circondata di cipressi. Dal principio del Quattrocento la villa ebbe diversi priprietari, finché nel 1572 la comprò Gino di Lodovico Capponi, i cui eredi continuarono ad ingrandirla e ad abbellirla. Nel 1882 fu acquistata da Lady Scott, figlia del Duca di Portland, che vi fece aggiungere le due logge, costruite usando le colonne del Mercato Vecchio (demolito con l'antico ghetto per far posto all'attuale Piazza della Repubblica). La cappella privata contiene una pala d'altare di Tommaso di Stefano; questa bella proprietà fu comprata nel 1928 dai signori Clifford.

Capponi (Arcetri) (43, XII)

Nel Quattrocento questa caratteristica villa toscana a forma quadrata, con una classica loggia aperta su un cortile spazioso come una piazza, apparteneva ai Rossi, che nel 1487 la vendettero a Niccolò di Tommaso Antinori. Per i quattro secoli successivi rimase di proprietà di questa famiglia. Il grande salone centrale con

Antinori delle Rose (44-47, XIII-XV)

la galleria per i misici fu affrescato nel 1629; altre stanze furono affrescate nel Settecento e nell'Ottocento con architetture e arabeschi a trompe l'oeil. Le vedute della campagna toscana che si godono da ogni stanza sono particolarmente attraenti. Tutto il complesso era rimasto gravemente danneggiato nell'ultima guerra, quando i signori Boissevain se ne innamorarono e decisero di restaurarlo. Il restauro è stato attuato con gusto squisito e sensibile al fascino originale della villa, grazie alla collaborazione di un architetto di talento, il Conte Niccolò Rucellai.

Gamberaia (50-53)

Questa classica villa in stile cinquecentesco è stata completamente ricostruita dall'odierno proprietario com'era prima della sua distruzione provocata dall'ultima guerra, ma deve soprattutto la fama di cui ha sempre goduto all'incantevole giardino piuttosto che alla sua architettura. Secondo la tradizione, la proprietà fu un tempo dello scalpellino Matteo Gamberaia, padre dei celebri scultori-architetti Antonio e Bernardo Rossellino. Però, un'iscrizione datata 1610 ne attribuisce la creazione a Zanobi Lapi, alla cui morte, nove anni dopo, fu reclamata dai creditori. Nel 1717 la acquistarono i Capponi, che la ingrandirono, abbellirono il giardino con fontane e statue, e progettarono il lungo viale erboso e il giardino della grotta che porta al frutteto. Fu allora probabilmente che assunse la forma attuale, ma dopo un lungo intervallo di oblio fu rinnovato con uno splendido parterre di acque dalla Principessa Ghyka, che acquistò Gamberaia alla fine dell'Ottocento. Viene normalmente considerato un perfetto esemplare di piccolo giardino superiore a tutti gli altri del genere esistenti in Toscana.

I Collazzi
(54-58, e pag. 166)

Attribuita a Michelangelo e effettivamente improntata allo spirito del Maestro, questa è una delle più belle ville toscane dal punto di vista architettonico. Si trova pochi chilometri a sud di Firenze, sull'antica strada di Volterra. Secondo quanto afferma il Baldinucci, è stata attribuita anche a Santi di Tito, che nel 1593 dipinse la pala d'altare della cappella privata, ma fu costruita verso il 1560 per Agostino Dini, che era amico personale di Michelangelo. Il disegno della villa, con le sue due file di logge sopra un grande cortile chiuso da tre lati, cui si accede da un'imponente rampa di scale, è di magnifiche proporzioni; la facciata opposta, rivolta a sud, ha un portone centrale di pietra serena, sormontato dalle armi dei Dini, e il piano superiore è adorno di due graziose logge con tre archi ciascuna. La moglie di Giovanni Dini, nata Boutourline, piantò gli alberi nel giardino che fino ad allora era rimasto spoglio. L'ala sinistra non era ancora finita, come si vede nell'incisione dello Zocchi, nel 1933, quando i Signori Marchi acquistarono la villa; grazie a loro, è stata completata in conformità del piano originale.

San Michele alla Doccia
(59, 60)

Niccolò Davanzati, che apparteneva all'antica famiglia di prosperi banchieri, comprò questa proprietà sulle pendici di Fiesole nel 1411, e ne fece dono ad alcuni monaci. La facciata originale e il terreno furono trasformati in un monastero, nonché in un oratorio dedicato a S. Michele Arcangelo. Dopo che uno dei monaci fu assassinato, la famiglia Davanzati assegnò la villa a certi francescani di un ordine più rigoroso, che vi abitarono finché vennero soppressi nel 1808. Nel 1596 la villa fu ampliata e abbellita su disegno di Santi di Tito, che era stato influenzato da Michelangelo. Il Granduca Ferdinando III la fece vendere all'asta nel 1817; la comprò il Dottor Frosini Martinucci, che la divise in apppartamenti e progettò il giardino con solide mura di sostegno e una strada privata tutta curve. Fino al 1901 la villa appartenne ai suoi eredi; quindi fu comprata dal signor Henry White Cannon di New York. Dopo l'ultima guerra in cui subì i danni dell'occupazione militare, venne acquistata dai signori Teissier, che in seguito la trasformarono in un albergo di lusso. Nonostante tutti questi cambiamenti, San Michele ha conservato i pregiati elementi del suo carattere originale. La veduta di Firenze che si gode dalla lunghissima loggia è addirittura sbalorditiva.

La famiglia Ugolini comprò questa villa sulla Via Chiantigiana nel 1444, e nel Seicento la fece trasformare nello stile dell'Alto Rinascimento da Gherardo Silvani. il portico della facciata che dà sulla strada fu aggiunto nel Settecento, ma armonizza con la struttura precedente. Il giardino all'italiana è notevole per il bel viale di cipressi. Attanasio Bimbacci affrescò nel 1691 il grande salone, e nel 1744 la casa fu fatta ulteriormente restaurare e abbellire da Giorgio Ugolini.

L'Ugolino (61, 62)

E' un raro esempio di barocco fiorentino; ma sia la casa che il giardino hanno sofferto d'incuria dopo l'ultima guerra. La facciata riccamente adorna fu disegnata da Antonio Ferri, e si vuole che il giardino fosse disegnato dal Tribolo; ma una strada polverosa attraversa lo spazio antistante alla casa dov'era un piazzale, separandola dall'antico cancello d'ingresso e dai muri sgretolati. Nel Quattrocento la villa appartenne agli Strozzi, finché nel 1460 Alessandra, nuora di Palla Strozzi, la vendette ai Rinieri; da qui deriva il suo nome, poiché in possesso dei Rinieri rimase fino al 1571. Dopo esser passata per varie mani, fu comprata nel 1618 da Cosimo II de' Medici, che la prestò a Sir Robert Dudley, figlio del Conte di Leicester e della sua seconda moglie Douglas Howard, vedova di Lord Sheffield. Sir Robert fu navigatore, progettista navale e ingegnere di talento versatile. Creato Duca di Northumberland dall'Imperatore Ferdinando II per far piacere alla sorella Granduchessa Maria Maddalena, morì a Villa Rinieri nel 1649. Alla fine l'acquistò la famiglia Corsini nel 1687, e è rimasta di sua proprietà fino al nostro secolo.

Rinieri (Corsini) (63, e pag. 172)

Da un dipinto attribuito al Poccetti che si trova all'interno di questa villa settecentesca estremamente decorativa, sembrerebbe che fosse stata una modesta casa di campagna d'irregolare disegno, quando, nel 1502, Simone di Jacopo Corsi la comprò da Luca di Andrea Carnesecchi. Anche allora aveva un bel giardino all'italiana. Fu spesso modificata e restaurata da membri della famiglia Corsi, soprattutto da Antonio di Giovanni Corsi, cui si debbono la facciata barocca e la disposizione del giardino con vasche e fontane, come si vede nell'incisione dello Zocchi. Il giardino fu « anglicizzato » durante la prima metà dell'Ottocento nel romantico stile allora di moda, e parzialmente trasformato in giardino botanico, con serre e piante esotiche. Il Marchese Giulio Corsi Salviati (autore della monografia *La Villa Corsi a Sesto,* Firenze, 1937) ne ha restaurato in modo davvero ammirevole il disegno settecentesco. Diversamente dalle altre, è situata in mezzo alla pianura, ma la ricchezza e la varietà del giardino compensano la mancanza del panorama.

Corsi-Salviati (64, XVIII, e pag. 169)

Questa sorprendente villa cinquecentesca con una facciata del Seicento e una maestosa scalinata doppia, su un'altura a sud di Firenze, che domina una veduta superba, fu dimora temporanea della bella Bianca Cappello prima che sposasse

La Tana (65-72, XVI, XVII)

il Granduca Francesco I. Nel 1576 Bianca la vendette all'Ospedale di S. Maria Nuova, che nel 1632 la concesse a livello al Barone Giulio Ricasoli, i cui eredi la ingrandirono in sontuoso stile settecentesco e ne ridecorarono l'interno. La sala centrale fu affrescata da Antonio Cioci. Nel secolo scorso La Tana appartenne al Marchese Fossi, ma deve la propria perfezione odierna all'attuale padrone, il Marchese Giaquili Ferrini.

Selva e Guasto (73)	In origine, come suggerisce il nome, questa incantevole villa doveva trovarsi in mezzo ad un bosco selvaggio. La facciata di fine Seicento, che si estende orizzontalmente, è fiancheggiata da due giardini a differente livello, con siepi di bosso e di tasso pareggiate scrupolosamente e vasi di limoni. Da quando apparteneva ai Galilei sui primi del Quattrocento, ha avuto molti insigni proprietari, compresi i Rucellai. Al principio di questo secolo apparteneva alla Principessa Dolgoroukoff, che nel 1919 la lasciò ai Costa de Suarez, discendenti del generale Francisco Miranda, il grande condottiero dell'indipendenza sudamericana.
Gricigliano (74, 75)	Questa leggiadra villa fu ricostruita nel Cinquecento, con logge eleganti sopra un fossato d'acqua corrente. In origine era una casa colonica assurta a dignità di residenza padronale dei Guadagni, che nel Quattrocento la lasciarono ai Capitani di Or San Michele. Nel 1478 Niccolò d'Ugolino, della nobile famiglia Martelli, la prese in affitto perpetuo, sborsando 100 fiorini sul momento, e impegnandosi a pagare ogni anno 18 libbre di cera. Da allora la villa è sempre appartenuta alla stessa famiglia, che l'ha fatta restaurare e ingrandire saltuariamente. Le sue bellezze sono state celebrate in un poema latino intitolato *Gricilianum Martelli*.
Le Falle (76, e pag. 179)	Le Falle, il cui nome deriva da un ruscello vicino, fu confiscata alla ricca famiglia Pazzi dopo il fallimento della sua congiura contro i Medici nel 1478; ma nel 1539 Giovambattista Nasi riuscì a farsela restituire come dote della moglie Camilla de' Pazzi. L'anno dopo, Camilla la vendette a Simone del Nero, che nel 1599 la lasciò a sua figlia Maria, moglie di Alessandro Guadagni. I Guadagni la fecero trasformare da Gherardo Silvani, che disegnò le logge simmetriche sulle facciate opposte, e la terrazza che gira intorno all'edificio, incorporando nella nuova struttura l'antica torre. Al Guadagni si deve inoltre il grande salone interno. Nell'Ottocento, la villa ha sofferto dei mutevoli capricci di vari proprietari, che vi hanno aggiunto rovine false e altre assurdità; ma l'attuale proprietario l'ha restaurata come appare nell'incisione dello Zocchi.
Serristori (« Casa Grande ») (78-80)	La modestia dell'ingresso di questa sorprendente dimora è in singolare contrasto con il suo nobile interno, che si apre su un incantevole cortile del Quattrocento con vista su un impeccabile giardino all'italiana, limitato da cipressi, dalle mura del paese e da una torre di guardia. Una scala del primo Rinascimento sale alla loggia superiore, dello stesso periodo; e una serie di stanze nel medesimo stile contiene molte opere d'arte, anch'esse quattrocentesche. Antichi stemmi e iscrizioni nella loggia tramandano episodi della storia dei Serristori sotto la Repubblica Fiorentina, e comprendono anche le armi gentilizie di Niccolò Machiavelli, che era imparentato con la famiglia. La villa, che esisteva già nel 1427, è conosciuta

sul posto col nome di « Casa Grande ». Il Papa Leone X e la sua corte, diretti a Firenze, vi fecero una sosta. Nel Settecento fu adibita a fabbrica di seta e a magazzino generale. Il Conte Umberto Serristori ha ripristinato la sua dignità d'un tempo e l'ha ammobiliata in stile dell'epoca.

Secondo la tradizione, questa nobile villa fu disegnata dal grande Gian Lorenzo Bernini; e forse fu costruita dal suo assistente Mattia de' Rossi, sotto l'influsso del Maestro. Consiste in un blocco centrale quadrato, fiancheggiato da ali rettangolari. Le pareti esterne sono suddivise in fasce di pietra serena, e la struttura originale, come la rappresentò lo Zocchi, era coronata da una balaustrata e da statue, ora sostituite da un semplice tetto. La famiglia Rospigliosi possedeva dei beni a Lamporecchio, non lontano da Pistoia, fin dal Quattrocento; il colto Papa Clemente IX, amico e protettore del Bernini, commissionò questa villa nel 1699, e morì nello stesso anno. Del parco originale sopravvive soltanto un bel viale di lecci, e tutta la proprietà giace in malinconico stato di abbandono.

Rospigliosi (Lo Spicchio) (77, e pag. 181)

VILLE DEI DINTORNI DI LUCCA

Questa villa a tre piani, di forma quadrata, con un portico a tre archi (oggi richiuso) al pianterreno, fu costruita nella seconda metà del Cinquecento sul luogo di un fortilizio medievale. Nel secolo scorso furono trasformati quasi tutto il giardino e parte della casa; il tetto aveva in origine cornicioni sporgenti, e il portico era aperto: ora il tetto è sormontato da una balaustrata con statue. Il giardino fu trasformato in un parco cosiddetto all'inglese, ma sopravvivono elementi dell'antico giardino all'italiana, come la decorativa limonaia dai lunghi archi e dalle finestre tonde, il teatro, i bei cancelli, il viale trasversale, le fontane barocche con maschere di satiri.

Cittadella (81, XXII)

Secondo G. C. Martini che ne dette una descrizione nel Settecento, la villa fu costruita da un architetto francese; però mostra una suggestiva rassomiglianza con la villa Bellavista vicino a Pescia, che fu progettata nel 1672 da Antonio Ferri. Le due torri vennero aggiunte agli angoli della facciata verso la fine del Seicento; il piano superiore della facciata nord è decorato con una loggia architravata. Il salone principale dell'interno è affrescato con affascinanti prospettive e figure allegoriche del pittore bolognese A. M. Colonna. Una bella scala doppia conduce alla porta d'ingresso della facciata sud, e un'iscrizione ricorda che Silvestro Arnolfini ingrandì la casa nel 1803 aggiungendovi il terzo piano.

Marchi (Arnolfini) (83)

Questa solida struttura quadrata di disegno classico ha mantenuto la sua grandiosità originale. Sul retro, un superbo portico a colonne con una bella scalinata, si apre verso la lussureggiante valle di Lucca; e l'interno è pieno di affreschi deliziosi. Sono specialmente ammirevoli quelli del salone centrale al pianterreno, di Bartolomeo de Santi. La villa appartenne un tempo a Francesco Burlamacchi, che nel 1548 fu decapitato per aver cospirato contro i Medici. Fu quindi ceduta

Rossi (Gattaiola) (84, XX, XXI)

a Don Ferrante Gonzaga, Duca d'Amalfi, che nel 1556 la mise all'asta. Nel Seicento appartenne alla ricca famiglia Santini, che ne fece ridecorare l'interno a Bartolomeo de Santi. Nel Settecento fu dei Montecatini, che nel 1719 vi aggiunsero la scala esterna e fecero affrescare il portico con figure allegoriche dell'Agricoltura e dell'Astronomia da Francesco Antonio Cecchi. All'inizio dell'Ottocento fu tolto un bel labirinto circolare per far posto a un romantico giardino di paesaggio, forse ad opera di Alfred Niewerkerke, che qui si ritirò dopo la caduta di Napoleone III.

| Giustiniani (Buonvisi) (85, XIX) | Costruita come palazzina da caccia in una splendida posizione sulla cima di un colle, con una veduta stupenda sulla piana lucchese, questa villa dal singolare fascino, con un lungo portico cinquecentesco cui si giunge da una scalinata doppia, è ricordata per la prima volta nel 1532, quando i Buonvisi andarono a Lucca a reprimere la rivolta degli Straccioni. Il bel portico fu costruito probabilmente nella seconda metà del Cinquecento, e doveva esserci nel 1580 quando Montaigne visitò la villa, che è citata anche nel 1536 da Ortensio Lando. Al principio del Settecento, Alessandro Buonvisi invitò a Forci Domenico Martinelli, e questi disegnò probabilmente la cappella, che però fu fatta costruire da Francesco Buonvisi molto più tardi, nel 1775. Il salone interno contiene affreschi di scene rustiche locali, dipinti da Francesco Antonio Cecchi. |

| Oliva (Buonvisi) (86, 87) | Un alto portico a cinque arcate è la caratteristica dominante di questa villa del Cinquecento, che ricorda vagamente quella di Gricigliano vicino a Firenze. I cornicioni sporgenti sono tipicamente fiorentini. Anche se l'interno è stato notevolmente modificato nel Settecento, quando Francesco Buonvisi progettò il giardino, l'esterno rimane fondamentalmente com'era in origine. Il giardino è attraversato al centro da una strada sullo stesso asse della casa, ed è abbellito da fontane, un laghetto di pesci, statue, bassorilievi e grotte rococò. I monumentali cancelli, le scuderie, una chiesa e vari fabbricati annessi, furono completati nel 1770. Quando i Buonvisi si estinsero nel 1800, la villa divenne proprietà del Principe Charles Poniatowski, e più tardi dei Rossellini, che la regalarono alla caritatevole « Casa della Divina Provvidenza » di Giuseppe Cottolengo. La casa, e in particolare il giardino, furono gravemente danneggiati nell'ultima guerra. |

| Mansi (88, 89, XIII, XXIV) | Questa villa elaborata ha uno schema quadrangolare, con avancorpi ai lati della facciata, adorna di un bel portico e statue fra colonne doppie. Analogamente, anche il piano superiore è adorno di colonne doppie che riprendono il disegno del portico. L'attico centrale sopraelevato è sormontato da un frontone con altre statue. In origine dimora cinquecentesca dei Benedetti, fu comprata nel Seicento dai Cenami, e nel 1634 la Contessa Felice Cenami fece rimodellare di sana pianta la villa dall'architetto urbinate Muzio Oddi, che dal 1625 lavorava per la Repubblica di Lucca a irrobustire le mura della città. L'Oddi fu autore della facciata manieristica, ma il frontone fu aggiunto nel Settecento, quando la villa apparteneva ai Mansi, che nel 1742 vi posero il loro stemma. Fra il 1725 e il 1732 Ottavio Guido Mansi fece disegnare più riccamente il giardino da Filippo Juvara. In questo ambizioso disegno entravano aiuole di fiori, siepi di bosso, fontane, una vasca di pesci ornata di statue, il cosiddetto « Bagno di Diana ». Lo stesso architetto costruì anche un piccolo « Palazzo dell'orologio ». Ma nell'Ottocento il giar- |

dino fu trasformato in romantico parco all'inglese. La vasca di pesci all'italiana e il Bagno di Diana sono le uniche vestigia del piano dello Juvara. Fra il 1784 e il 1792 il rinomato pittore neoclassico Stefano Tofanelli dipinse i pannelli mitologici del salone principale.

Riccamente adorna come la villa Mansi, questa magnifica struttura quadrata in stile altorinascimentale è costellata di graziose statue entro alcove ad arco, l'ultimo grido in fatto di raffinatezze seicentesche. Una scala a ventaglio conduce all'entrata monumentale; l'attico è sormontato da un timpano con una cupoletta. L'architetto però è ignoto, quantunque il suo stile avesse molto in comune con quello di Muzio Oddi. L'interno è in perfetta armonia con l'esterno. Come tante altre belle ville lucchesi, anche questa apparteneva ai Buonvisi nel Cinquecento. Nel Seicento la comprarono i Santini, che ridecorarono la facciata. L'interno è pienamente degno dell'esterno, con una scala a spirale, prospettive a trompe l'oeil e stucchi complicati. I letti hanno baldacchini sontuosi, la sala da pranzo squisite porcellane di Sassonia e di Capodimonte. Nella stessa epoca, fu disegnato il giardino alla francese; e anche se una sua parte, davanti alla casa, fu trasformata all'inglese, rimane intatto uno stupendo giardino incassato, con piante di limoni, aiuole di fiori e vialetti pavimentati a mosaico, che nascondono getti d'acqua. Dal 1816, quando Vittoria Santini andò sposa al Marchese Torrigiani, la villa appartiene a quest'ultima famiglia.

Torrigiani
(90, 92, XXV, XXVI)

La maestosa villa barocca, imponente come la Villa d'Este a Tivoli, va parimenti famosa per il giardino spettacolare che si estende sul ripido pendio alla sua destra in una successione abbagliante di scale e terrazze cinte da balaustrate, che conducono alla cascata incorniciata da folti gruppi di lecci potati, con sopra una fila di cipressi. La cascata è ulteriormente ravvivata da figure di uccelli. Una grande statua della Fama s'innalza con personificazioni di Firenze e di Lucca ai suoi piedi; ma i dettagli sono tanti che non si possono riassumere brevemente. In origine, sorgeva sul luogo un castello fortificato. Il costruttore della villa, Romano Garzoni, ne fece fare una pianta nel 1633; questa prova che le proporzioni attuali esistevano già allora, ma che il giardino era molto più piccolo. Nel 1652, esso era già terrazzato e dotato delle piante, e così lo descrive Francesco Sbarra in un'ode fiorita. Dieci anni dopo, la villa fu visitata dall'Imperatore Ferdinando d'Austria e da Anna de' Medici, ma il giardino non fu terminato che nel 1692. L'illustre architetto e uomo di lettere lucchese Ottaviano Diodati fu autore delle innovazioni idrauliche operate nel 1786; in quell'epoca si aggiunse anche il padiglione estivo in stile rococò dietro la villa. Dopo la morte del secondo Romano Garzoni, nel 1756, la proprietà fu ereditata dal ramo collaterale dei Garzoni Venturini; e da allora ha avuto una mezza dozzina di proprietari. Benché appartenga a privati, è aperta al pubblico.

Garzoni
(93-96, XXVII, XXVIII)

In origine questa famosa proprietà apparteneva ai Buonvisi, e da loro l'acquistarono gli Orsetti nel 1651. Gli Orsetti le dettero una nuova forma, creandovi un giardino barocco con un teatro all'aperto, una vasca di pesci, un giardino di limoni, un ninfeo, statue e aiuole di bosso su vasta scala. Quando Elisa Bacicchi, sorella di Napoleone, diventò Duchessa di Lucca, costrinse il conte Lelio Orsetti a vendergliela, e nel 1811 cominciò a rammodernarla nello stile allora di moda, aggiun-

Marlia (97-102, XXIX)

gendo un rigido portico alla facciata nord, e innalzando il piano superiore col massimo rispetto per la simmetria.L'interno fu ridecorato sotto la guida di Théodore Bienaimé, e nel 1812 il pittore ufficiale di Elisa, Stefano Tofanelli, cominciò ad affrescare la sala da ballo con una « Danza delle Ore ». L'architetto francese Morel ricevette l'incarico di modernizzare il giardino, che fu ingrandito con altri terreni, dov'era compresa la vecchia « Villa del Vescovo », e si spesero somme enormi per i giochi d'acqua. La villa diventò la residenza favorita di Elisa fino alla caduta del fratello, e vi diede ricevimenti grandiosi, con rappresentazioni teatrali e concerti di Paganini nel parco. Sia Lamartine che Metternich lodarono le molteplici delizie di Marlia. Sotto la Restaurazione la villa fu ereditata dai Borboni di Parma, e in seguito appartenne a Casa Savoia. In questo secolo fu comprata dai Conti Pecci Blunt, che le hanno ridonato l'antico splendore.

Pieve S. Stefano (XXX)

Questa palazzina da caccia, di sorprendente eleganza, che sorge in vetta a una collina nel mezzo di una pineta, ha una lunghissima facciata a due piani, con un portico a pilastri nel centro, tra due agili rampe di scale. La fila centrale di finestre è sormontata da un timpano a volute arricciate che è quasi rococò, completando in un certo senso le curve superbe delle scale. La villa fu costruita per il geniale Principe Carlo Lodovico di Borbone Parma (1824-1847), mentre era Duca di Lucca, dall'architetto neoclassico Lorenzo Nottolini: è uno dei pochi esemplari lucchesi dell'epoca di un armonico edificio costruito ex novo. Dall'ultima guerra, la villa appartiene al Colonnello Roworth e a sua moglie.

VILLE DEL SENESE

Vicobello (103, 104, XXXI, XXXIV)

Questa è generalmente considerata la più bella delle ville rettangolari rinascimentali disegnate da Baldassarre Peruzzi. Sorge sulla cima di una collina vicino a Siena, e la pianta ha una certa somiglianza con quella di Belcaro (v. sotto), poiché il cortile è trattato come uno spazio di congiunzione fra la residenza principale e il gruppo dei fabbricati annessi. A nord il cortile si apre verso un parco di lecci; a sud è separato dal parterre mediante un muro con un cancello di nobili proporzioni. Bellissimo è anche il pozzo nel cortile vicino all'ingresso sormontato da un arco. I giardini scendono dal parterre a differenti livelli con alberi antichi e viali ombrosi, ma l'edera sui muri è sovrabbondante. Il disegno dei giardini, visto dalla città sul piano assiale della villa, doveva comporre lo stemma dei Chigi. Nel secolo scorso il Marchese Chigi apportò varie modifiche, come si vede paragonando la villa con antichi disegni, ma queste non furono spinte a tal punto da alterarne il carattere classico. Nel giardino si trovano molte piante rare d'interesse botanico.

Belcaro (105-107)

La villa rinascimentale mantiene ancora l'aspetto della fortezza che era in origine, in posizione di grande importanza strategica sopra un boschetto di lecci, circa cinque chilometri a sud-ovest di Siena. È già citata fin dal 1199, e ha subìto molte vicissitudini, smantellata e ricostruita a turno, finché nel 1525 la comprò il banchiere senese Crescenzio Turamini. Nel 1535 questi la fece trasformare in una casa di campagna da Baldassarre Peruzzi, che adattò il proprio progetto allo spazio disponibile entro le mura antiche. La villa si erge solida e sobria sul lato nord di un lungo cortile pavimentato a mattoni, di fronte alle costruzioni accessorie, mentre i lati est e ovest sono chiusi da divisori di pietra, contenenti cancelli e un pozzo: un tipo di disegno che differisce completamente dalla tradizione toscana. Oltre il divisorio a levante c'è un modesto frutteto, con una cappella da una parte, in un angolo delle mura esterne. Cappella e villa furono affrescate dal Peruzzi, ma gli affreschi sono stati malamente restaurati, e, a prescindere dal soggetto delle storie, sembrano fatti in pieno periodo vittoriano. Poiché conserva la cerchia delle mura e i bastioni, Belcaro non perse mai il carattere militare. I senesi la fortificarono nuovamente nel 1554, dopo che era stata espugnata dal Granduca Cosimo I de' Medici e dall'esercito imperiale. Estinta nel 1721 la famiglia Turamini, la comprarono i Camaiori, che la restaurarono nella prima metà dell'Ottocento, e da allora non è più cambiata. Gli ultimi Granduchi di Toscana, Ferdinando III e Leopoldo II, vi alloggiarono sovente.

La pianta barocca di questo ampio giardino e della villa fu disegnata dal famoso Carlo Fontana per il Cardinale Flavio Chigi, nipote di Papa Alessandro VII, qualche tempo prima del 1680, quand'ebbe inizio la costruzione. La casa è un rettangolo compatto, tranne che per due avancorpi nella facciata sud con una loggia a tre archi nel mezzo. La facciata nord è adorna di una superba scalinata doppia che sale dal parterre del giardino, attraversato da un viale lunghissimo sul piano assiale della casa; fiancheggia il viale un folto bosco, la cosiddetta « Tebaide », disseminato di cappelle e statue di Bartolomeo Mazzuoli, oggi in deplorevole stato di abbandono. Da qui si giunge a una ripida rampa di scalini di pietra, e all'eremitaggio, o cappella, sulla cresta del colle. Edith Wharton ha osservato giustamente che il Fontana « ebbe il buon senso di approfittare dei vantaggi naturali della grande foresta di querce e lecci che riveste questa parte della regione, e di capire che soltanto le linee più ampie e semplici sarebbero state in armonia con uno sfondo così nobile ». Nel giardino, un bassorilievo rappresenta il Cardinale Flavio Chigi che nel 1691 dà il benvenuto alla villa al Granduca Cosimo III. L'interno contiene diverse statue antiche, affreschi dello Zondadori, e ritratti della famiglia Chigi. **Cetinale (108-110)**

Nel Trecento sorgeva qui una corrucciata fortezza, che finalmente fu trasformata in una casa di campagna da Mino Celsi, uno dei primi sostenitori del Protestantesimo. Le aggiunte e le migliorie rinascimentali sono probabilmente dovute a Baldassarre Peruzzi, cui si attribuisce con maggior certezza l'elegante cappella rotonda vicino alla villa. Gli edifici principali si estendono su tre lati del cortile fatto a cuneo, separate dalla strada e dal giardino mediante un divisorio di pietra con un cancello di ferro battuto e due archi con grate ai lati, che alleggeriscono l'austerità della struttura più antica. Nel 1554 la villa-castello fu devastata dalle truppe imperiali, ma è stata spesso sottoposta a restauri: in stile neogotico nell'Ottocento, e recentemente, dopo l'ultima guerra, dall'attuale proprietario, Principe Aldobrandini. Il fascino della villa è accresciuto dalla sua posizione isolata nel magnifico paesaggio senese. Il giardino all'italiana fu disegnato nel Seicento, e l'odierno proprietario ha restaurato una vasca semicircolare della stessa epoca di fronte a un bosco, situato a rispettosa distanza dalla villa-castello perché i briganti solevano tenersi in agguato dietro agli alberi. **Celsa (111, 112)**

Anqua (113, 114)

Questa spaziosa casa di campagna ha il nobile aspetto di una dimora cittadina trasportata sulla sommità di un colle, donde si contempla un vasto paesaggio. È chiaro che risale al Cinquecento e che dovette essere disegnata da Baldassarre Peruzzi, giacché presenta tutte le caratteristiche del suo stile; ma nel Seicento fu restaurata dai Conti Pannocchieschi d'Elci, i cui discendenti la posseggono ancora e la mantengono in eccellente stato di conservazione. Si accede alla villa da un piccolo cortile fiancheggiato da due muri con cancelli, uno dei quali conduce al frutteto. Il cortile è adorno di un bel pozzo del Cinquecento.

Santa Colomba (115-117)

È un'importante struttura quadrangolare con pilastroni agli angoli della facciata, la cui maestosità è sottolineata da portici e statue, pannelli e colonne, posta su un'altura con una bella veduta di Siena. L'armoniosa scala a spirale nell'interno è generalmente attribuita al Peruzzi, ma del giardino non rimane traccia. In origine era un castello della potente famiglia Petrucci, che nel 1516 dette incarico al Peruzzi di trasformarlo in una pregevole casa di campagna. (Molti edifici senesi del Peruzzi furon disegnati quand'egli era a Roma, ed eseguiti in base ai modelli: non era necessario né possibile che ispezionasse ogni luogo prima della costruzione). Si sa tuttavia che l'Arcivescovo Petrucci fece rimodellare la facciata al principio del Seicento. La villa fu ereditata dai Medici, e il Granduca Cosimo III la regalò al « Nobile Convitto dei Tolomei », che ne fu proprietario fino all'Ottocento. Poi appartenne all'Istituto Nazionale dei Sordomuti, e soffrì gravemente della mancanza assoluta di manutenzione e dei danni di guerra; attualmente è sotto restauro. Nel secolo scorso erano attigue alla villa una chiesa e parecchie case; resta una cappella con pitture di Francesco Vanni.

Bianchi-Bandinelli (Geggiano) (118, 119, XXXII, XXXIII)

Questa villa dignitosa eppure gaia, di tipico disegno cinquecentesco, fu ingrandita verso la fine del Settecento, quando si trasformò persino la facciata, ma ha conservato la sua sobrietà classica. Dal 1560 appartiene alla famiglia Bianchi Bandinelli, che ha fatto ridecorare l'interno in squisito stile settecentesco, e l'arredamento è ancora fortunatamente intatto. Il poeta Alfieri vi fu ospite illustre, e si rappresentarono le sue tragedie nel teatro all'aperto, che consiste in un proscenio con due archi barocchi sormontati da statue dello scultore maltese Bosio; le quinte e la scena sono fatte di cipressi e di allori, in armonia con quanto resta del giardino settecentesco all'italiana. Particolarmente degni di nota sono i vivaci affreschi di scene rustiche con ritratti, che si trovano nella lunga sala dalla volta ad arco, opera del pittore tirolese Ignazio Moder. La villa appartiene oggi all'eminente archeologo e storico d'arte Ranuccio Bianchi Bandinelli.

Sovicille (120, 121)

Dal punto di vista architettonico, si tratta di una struttura insolita, che torreggia sopra le mura del villaggio di Sovicille, già nella Diocesi di Volterra, ma nello Stato di Siena, a una diecina di chilometri dalla città. In quei pressi, a Ancaiano, nacque il Peruzzi. La facciata del castello, ricurva, segue la linea dell'antica cerchia di mura, e le torri originali furono incorporate nel massiccio edificio. Una scala tardobarocca porta dal castello al giardino sottostante. Durante tutto il Medioevo il castello appartenne a Siena, ma fu espugnato a più riprese da truppe pisane o fiorentine. Di quel periodo sopravvivono soltanto due torri mozze. Prima che la comprasse il Signor Lechner, la villa appartenne alle famiglie Nuti e Palmieri.

Questa villa pittoresca nei dintorni di Siena fu rimodellata in romantico stile neo-gotico dopo esser rimasta danneggiata dal terremoto del 26 maggio 1798. Il Papa Pio VI vi ebbe rifugio per diversi giorni dopo la costituzione della Repubblica Romana, in conseguenza dell'intervento militare francese agli ordini del Generale Berthier. La villa è di proprietà della famiglia Sergardi.

Torre Fiorentina (122, 123)

Questa bella villa del Rinascimento, che si erge sulla cima di un colle, fu com-missionata nel 1492 da Mariano Chigi, ma una lapide testimonia che la costruzione ebbe luogo nel 1505. Probabilmente fu uno dei primi edifici importanti di Bal-dassarre Peruzzi; e sulla base di questa villa fu disegnata La Farnesina di Roma. È composta di un doppio quadrato, con due avancorpi ai lati della facciata fornita di un portico, la cui classica raffinatezza è posta in risalto da modanature di terra-cotta. Nel 1510 vi abitò il Papa Giulio II, e nel 1541 il Papa Paolo III. Dentro la villa, un bassorilievo di Paolo Olivieri raffigurava la morte di Cesare.

Chigi-Mieli (Le Volte Alte) (124-125)

Un tempo faceva parte di una fattoria costruita a mattoni rossi, il cui bel disegno è stato generalmente attribuito al Peruzzi, e probabilmente è uno dei suoi lavori giovanili. La villa consiste in due semplici piani con portici, che formano una doppia loggia di rara finezza, aperta sull'incantevole campagna senese. Nel suo libro *Life and Works of Baldassarre Peruzzi of Siena* (New York 1925), W. W. Kent la definì « degna di essere conservata ». Dopo secoli di oblio, è stata recentemente restaurata dall'attuale proprietario, Don Giovanni Guiso, che ne ha rispettato scrupo-losamente il disegno classico, pur adattando con discernimento l'interno alle mo-derne esigenze del comfort.

L'Apparita (126)